L'ANTI-SÉMITISME

A ALGER

PAR

AUMERAT

RÉDACTEUR EN CHEF DE LA *SOLIDARITÉ*

CONSEILLER GÉNÉRAL

PRÉSIDENT DE LA COMMISSION DÉPARTEMENTALE D'ALGER

ALGER

IMPRIMERIE VICTOR PÉZÉ, RUES CASBA, 4, ET CHARLES-QUINT, 3

1885

L'ANTI-SÉMITISME

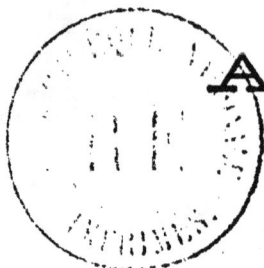

A ALGER

PAR

AUMERAT

RÉDACTEUR EN CHEF DE LA *SOLIDARITÉ*

CONSEILLER GÉNÉRAL

PRÉSIDENT DE LA COMMISSION DÉPARTEMENTALE D'ALGER

ALGER

IMPRIMERIE PÉZÉ ET Cⁱᵉ, RUES CASBA, 4, ET CHARLES-QUINT, 5

1885

L'ANTI-SÉMITISME A ALGER

PRÉFACE

Les événements qui ont si vivement impressionné la ville d'Alger, du 28 juin au 5 juillet dernier, ont été racontés au jour le jour par la Presse locale et ces articles ont été remis en un volume pour servir à l'histoire du pays.

Cette publication qui se borne au récit des faits matériels de la rue n'est pas suffisante.

L'agitation de la rue a eu une suite, elle a fait place à une agitation morale qui a duré un mois et qu'il importe de faire connaître aussi, afin qu'on puisse apprécier les vrais sentiments de la population, savoir la cause des troubles, par qui ils ont été provoqués, ce qui a été fait pour les éviter ou les réprimer.

C'est ce qui nous a engagé à publier ce volume.

PREMIÈRE PARTIE

L'ÉMEUTE

AVANT L'ÉMEUTE

●

———

« Il se produit de temps à autre dans l'espèce humaine, sur tel ou tel point du globe, des phénomènes bizarres, que l'on peut considérer comme des essais de recul vers la barbarie primitive. Le congrès anti-sémitique de Dresde venant, en pleine Allemagne, dans l'un des pays que l'on aurait pu croire des plus civilisés du monde — et qui s'applique volontiers ce superlatif — déclarer la guerre aux juifs, en 1882, au lendemain des massacres dont les Israélites de Russie ont été les victimes, et près d'un siècle après la déclaration des Droits de l'Homme... c'est là un événement qui serait du plus haut intérêt pour le philosophe, s'il n'était en même temps très pénible et très affligeant : Il démontre combien il est facile de faire revivre des instincts que l'on était en droit de croire éteints à jamais, et combien, par conséquent, les sociétés doivent prendre soin de l'éducation civique et du développement de leurs membres. Voir des hommes se réunir pour excommunier en bloc toute une classe de leurs concitoyens, non pas à cause de leurs actes, — ils varient évidemment autant que les individus — mais à cause de leur religion, de leur race, de leur origine, c'est certainement un fait social que l'on ne pouvait prévoir et qui, au point de vue d'un patriotisme étroit, ne serait pas pour nous déplaire. On peut y trouver la preuve que les nations libres, la France, l'Angleterre, la Belgique, sont encore, quoi que puisse en penser le prince chancelier de l'Empire Allemand, quelque peu plus élevées dans l'échelle de l'humanité que les peuples soumis, avec ou sans apparence de constitution parlementaire, au régime du sabre et du bon plaisir. »

C'est M. Naquet qui s'exprimait ainsi en 1882; mais l'éminent philosophe se trompait en classant la France parmi les nations qui devaient opposer une barrière à l'anti-sémitisme. Il y avait à ce moment-là sur les rives de la France africaine, des Français, des républicains, des radicaux même, dit-on, qui devaient, — jaloux des lauriers cueillis par les paysans russes, — déclarer la guerre aux juifs; et, pendant que M. A. Naquet se lamentait sur l'existence du Congrès anti-sémitique de Dresde, les journaux de l'ouest de l'Algérie annonçaient, avec un naïf orgueil, à la France étonnée, qu'un congrès, également anti-sémitique allait se réunir à Oran, dans une ville française.

Un an auparavant, l'anti-sémitisme avait fait son apparition officielle dans la politique oranaise. M. Cély, candidat à la députation, s'étant déclaré anti-juif dans sa profession de foi; il échoua, il est vrai, contre M. Etienne, mais M. Félix Dessoliers réussit à se faire élire dans la 2ᵐᵉ circonscription contre M. Pétrelle qu'on prétendait ami des sémites. (A).

A la suite des élections, une campagne des plus vives fut entreprise par les journaux d'Oran contre M. Kanoui, président du Consistoire, et par contre-coup contre tous les Israélites. Un conseiller général, le docteur Autun, essaya de faire émettre un vœu par le Conseil général d'Oran contre les Israélites; la Société de la Libre-Pensée d'Oran décida qu'elle n'admettrait plus d'Israélites dans son sein et prononça même l'exclusion de quelques-uns de ses membres, tout aussi libres-penseurs que les autres, mais d'origine juive. Enfin, à Tlemcen, on voulut les empêcher de pénétrer dans un bal donné par la musique municipale, ce qui amena des rixes sanglantes entre chrétiens et juifs.

A Alger, une fraction du parti radical, celle que dirige un sieur Basset, ayant pour organe le *Radical algérien*, avait ou croyait avoir à se plaindre des électeurs israélites de cette région dont les votes, depuis quelques années, avaient cessé d'être obéissants, et M. Basset et ses amis ne leur pardonnèrent pas leur abandon dans plusieurs circonstances, notamment dans les dernières élections législatives où l'on disait qu'ils avaient assuré le succès de MM. Mauguin et Letellier, et aussi dans l'élection plus récente des conseillers généraux où ils avaient encore fait pencher la balance du côté des républicains progressistes mais non intransigeants, et ce qui est pis encore, largement contribué, dans la deuxième circonscription de la ville d'Alger, à l'élection de M. Aumerat (Marteau), rédacteur en chef de la *Solidarité*, qu'ils détestent cordialement.

Aussi ne se passait-il guère de jours où le *Radical* ne publiât quelque article violent contre nos concitoyens de race juive et contre ceux qui, par la plume prenaient leur défense.

On avait réussi à créer une agitation factice; il ne fallait plus qu'une occasion, qu'un prétexte, pour faire naître un conflit.

Cette occasion fut un projet de bal que les jeunes conscrits algériens, tant chrétiens qu'Israélites devaient offrir à la population avant leur départ, le prétexte fut une prétendue insulte lancée par un Israélite contre les Français d'origine.

L'ÉMEUTE

Dans leur réunion du 20 juin, quelques jeunes gens de la classe 1883 avaient nommé la commission suivante chargée d'organiser une fête pour leur départ :

MM. Ch. Belvert, président ; Léopold Élie, vice-président ; Ch. Margerel, secrétaire ; David Lelouch, trésorier.

MM. Douniac, Henry, Cellérier, Natal, Bossan, Stora, Petit et Zermati, membres adjoints.

La commission avait convoqué tous les jeunes gens de la classe 1883 à la Mairie, pour le 27 courant, à 8 heures et demie, pour fixer le jour de la fête et s'entendre sur les détails.

Les Français, chrétiens, étaient mécontents de la manière dont la commission avait été nommée, les chrétiens à 1 ou 3 voix de majorité, les Israélites avec 25 ou 30 voix Tous appuyèrent la scission demandée par un membre et, avec un parti-pris regrettable, sans doute, quelques-uns proposèrent que seuls les Français faisant leur service en Algérie fussent admis dans la commission composée de 7 chrétiens cependant et de 5 Israélites.

Proposer d'exclure les Français ne faisant pas leur service en Algérie, était une façon de demander l'exclusion complète des Israélites, ces derniers devant tous faire leur service en France.

L'injure était grave ; la provocation était flagrante. Les Israélites relevèrent le gant, des grossièretés furent échangées, les jeunes gens se traitèrent mutuellement de lâches mais le cri de : Mort aux Juifs ! ne fut ni précédé ni suivi des cris de : Mort aux chrétiens ! ou de : Mort aux Français !

Aussitôt deux camps se formèrent, les horions commencèrent à pleuvoir, le concierge de la Mairie fit évacuer la Mairie.

Quand les combattants furent dans la rue, la bagarre recommença avec les cris de : Mort aux Juifs ! et continua devant le *Café de la Bourse* et sur la place du Gouvernement.

Vers dix heures du soir une escouade d'agents de police arrivait au moment où plusieurs biskris entendant crier : Mort aux juifs ! accouraient pour aider les émeutiers.

Une émeute avait été annoncée par un journal de la localité. « Rendez-vous est pris par les émeutiers — disait la *Vigie algérienne* — pour ce soir, à cinq heures, sur la place du Gouvernement » et elle invitait la Municipalité à prendre les dispositions nécessaires. L'autorité municipale n'en tint nul compte, l'émeute eut lieu, et cette fois les acteurs n'étaient plus les conscrits de la veille.

Voici ce qui se passa dans cette soirée, j'en emprunte le récit à la *Vigie algérienne :*

« La musique du Square commença à l'heure ordinaire,
» au milieu de l'affluence habituelle. A peine quelques
» loustics lançant de temps en temps une plaisanterie
» contre les Juifs, en ce jargon particulier à quelques-uns
» d'entre-eux. On rit.

» Vers 9 heures, la Société chorale « Les Enfants de
» l'Algérie » remplace un moment sur l'estrade la musi-
» que municipale, et chante le chœur des Truands de la
» *Esméralda.* On applaudit. Puis la Société chorale quitte
» le Square suivie d'une foule assez compacte.

» Cette foule avait-elle déjà disposé ses plans ou s'est-
» elle surexcitée sur place ? C'est ce que nous ignorons.

» Elle monte les escaliers du théâtre recrutant sur son
» passage tous les individus disposés à faire du tapage et
» envahit tout à coup le quartier de la rue Randon.

» Il n'est pas dix heures. Le rapport de police prétend
» qu'un Israélite aurait insulté la garde. On l'a arrêté,
» mais la foule n'avait pas besoin de prétexte. Elle s'avance
» un drapeau en tête — le drapeau français conduit à
» l'assaut de quelques vieux Juifs? et assomme tout ce
» qu'elle trouve sur son passage. La police se compose de
» deux agents et d'un commissaire. Pas la moindre mesure
» de précaution prise. Elle est impuissante. Les réverbè-
» res sont renversés. Sur la place Randon on brise les
» carreaux d'un débitant, histoire de se mettre en train.
» A ce moment arrivent le Préfet et le Procureur général.
» Ils donnent ordre de faire venir la troupe ; vingt hom-
» mes arrivent. Il est plus de 11 heures. Le quartier est
» déblayé et plusieurs arrestations faites.

» Les émeutiers ne se tiennent cependant pas pour
» satisfaits. Ils descendent la rue de la Lyre, prostituant
» la *Marseillaise* de leurs beuglements. On n'estime pas à
» moins de 4,000 le nombre des manifestants : presque
» tous étrangers, — pour l'honneur du nom français —
» beaucoup d'Arabes qui attendent le moment d'assommer
» leurs ennemis héréditaires.

» Un temps d'arrêt sur la place Malakoff. Puis envahis-
» sement de la place du Gouvernement. Là, nouvelles scè-
» nes indescriptibles. Un vieux juif qui sommeillait sur un
» banc est arraché, foulé aux pieds, presque assommé ; un
» jeune homme qui traverse la place sans rien dire reçoit
» sur la figure une série de coups de poing et ne doit son
» salut qu'à la fuite.

» Vers 11 heures, une bande d'une centaine d'individus
» se détache du groupe principal et se rend au théâtre
» Malakoff, où un bal avait lieu. La bande envahit la salle,

» y brise tout ce qu'elle peut atteindre et reprend le che-
» min de la ville.

» Elle se rend ensuite à la Perle où un bal avait lieu
» également. Mais devant l'attitude énergique du directeur
» et de quelques personnes, elle se disperse.

» On avait cru un moment que pour une équipée anti-
» française, une journée aurait suffi, et que les faits regret-
» tables qui s'était passés samedi ne se renouvelleraient
» pas.

» C'est vers deux heures de l'après-midi que le proces-
» sionnement inauguré la veille recommence, cette fois-ci
» avec plus de chances de briser les devantures, puisque
» les magasins indigènes sont ouverts.

» Dans la rue Bab-el-Oued, on s'attaque aux vitres de
» la quincaillerie de M. Cohen ; dans la rue de Chartres à
» ceux du magasin du *Mouton à cinq pattes*.

» Le vandalisme est à l'ordre du jour. Dans la rue Phi-
» lippe, près la rue Traversière, quelques indigènes retran-
» chés chez eux font pleuvoir sur la foule les débris d'une
» cheminée en maçonnerie.

» Depuis 11 heures tous les magasins israélites sont
» fermés.

» Dans l'après-midi une bande sur la place Malakoff
» essaye d'enfoncer le magasin du sieur Moraly. Le géné-
» ral de division, arriva aussitôt avec une poignée d'hom-
» mes, baïonnette au canon, fit immédiatement disperser
» la foule. »

D'autres magasins dans la rue de la Lyre furent enfon-
cés, saccagés et pillés, et cela dura ainsi pendant 5 jours.

Les Israélites qui furent rencontrés dans les rues furent
assaillis à coups de pierres et de bâtons et quelques-uns
furent grièvement blessés.

Ainsi trois Israélites poursuivis depuis la rue de la Lyre

durent se réfugier derrière la grille du palais du Gouverneur où la police vint les délivrer.

D'autres ne doivent leur salut qu'aux zouaves qui, baïonnette au canon, les protègent contre la multitude.

Les Israélites ne furent pas seuls maltraités ; ceux, parmi les citoyens Français d'origine, qui voulurent s'opposer aux dévastations furent aussi l'objet des violences de la foule.

M. Besset, un magistrat, fut brutalement assailli, rue de la Lyre, et frappé avec violence jusqu'à ce que des agents de police fussent venus le délivrer, parce que quelques instants auparavant, il avait fait arrêter un malfaiteur qui disait à ses compagnons : « Allons piller le juif dans la rue du Lézard. »

Les journalistes qui ne sont pas anti-sémites ne furent pas épargnés.

La réprobation de la presse locale plus ou moins accentuée contre les actes de sauvagerie, commis contre des citoyens français a été à peu près unanime, ce qui devait singulièrement affecter les manifestants ; aussi ne se bornèrent-ils point à des insultes et des voies de fait contre les Israélites, quelques journalistes qui, certes, n'avaient pas insulté la France, furent aussi insultés, menacés et frappés par les émeutiers.

Voici quelques extraits des récits faits à ce sujet :

Akhbar

« Rue Juba, un jeune juif, vendeur de journaux, porteur de l'*Akhbar* ; a été attaqué et très maltraité ; il a perdu beaucoup de sang.

» Sans l'énergie de M. le docteur Caussanel qui parvint à l'arracher à ses agresseurs, il eût passé un fort mauvais quart d'heure. »

(Petit Algérien).

« Nous apprenons qu'hier au soir une bande, guidée par des gens qui savaient parfaitement ce qu'ils voulaient faire est venue hurler sous les portes de nos bureaux, où il n'y avait personne. »

(Akhbar, 2 juillet.)

Agression contre M. Aumerat (Marteau)

« Vers midi, notre confrère Marteau, de la Solidarité, passait dans la rue Bab-Azoun où un rassemblement s'était produit lorsque quelqu'un se mit à crier : Voici le protecteur des juifs, tapez dessus.

» M. Aumerat (Marteau) échappa à l'agression. »

Autodafé de journaux

« Sur la place Malakoff, on a enlevé la Solidarité au porteur de ce journal et on en a brûlé les exemplaires en place publique aux cris de : A bas le journal des juifs ! »

(Petit Algérien, 2 juillet.)

Il nous reste à parler de manifestations dirigées, non plus contre les israélites, mais contre deux journaux : la Solidarité et la Vigie.

Le premier de ces journaux était menacé d'une manifestation ; son rédacteur en chef en avait été informé, mais cette manifestation n'eût pas lieu. La rédaction du Radical algérien, pénétrée de l'influence qu'elle exerçait sur les émeutiers, avait fait mettre sur la porte de l'imprimerie Pézé, dans l'intérieur de laquelle sont les bureaux de la Solidarité, une grande affiche portant en gros caractère ces mots :

Respect à la propriété du « Radical Algérien ! »

La Solidarité en profita et elle en fut quitte pour la suppression violente de quelques numéros sur la voie publique.

La *Vigie* fut un peu plus inquiétée ; son directeur politique avait des ennemis personnels qui semblent avoir profité de cette circonstance pour se venger de leurs griefs, réels ou prétendus, contre le journaliste. On excita les colères de la foule contre lui, et il fut assailli à plusieurs reprises, chez lui, rue des Consuls, et au square de la place Bresson.

Après les événements, il fut encore provoqué sur la place du Gouvernement mais cette fois par des particuliers avec l'un desquels il dût se battre en duel.

Voici le récit qu'il fait lui-même des deux premières agressions, nous en élaguons les parties indignées, ainsi que certaines appréciations personnelles qui n'entrent pas dans le cadre que nous nous sommes tracé :

« Quelques voyous entendant crier : A bas la *Vigie !* crient aussi : A bas la *Vigie !* ne connaissant certainement pas plus la *Vigie* qu'Allan, et se dirigent vers la rue des Consuls. Mon ami prévient M. Lindeker, qui envoie rapidement quelques agents de police par la rue d'Orléans. Ces agents arrivent devant la foule qui se disperse à leur vue.

» Le coup était manqué, mais on le recommencera. Hier, à 8 heures et demie, trois ou quatre cents voyous conduits par un homme en état complet d'ivresse viennent faire une manifestation devant mes bureaux. Je les reçois sur la porte d'entrée entouré de mes collaborateurs, ayant derrière moi tout le personnel de l'imprimerie. — Que voulez-vous ? Que demandez-vous ? La foule ne trouve rien à répondre, mais un des meneurs ayant crié : A bas la *Vigie !* elle repète le cri machinalement et bestialement sans le comprendre, car il n'y a pas un de ces gens-là qui aient lu une fois la *Vigie*, la plupart par la meilleure des raisons.

» Après une demi-heure d'expectative durant laquelle

j'ai plus de peine à contenir les braves ouvriers de l'imprimerie qui bouillonnent d'impatience derrière moi que les émeutiers, un premier pavé fait éclater un carreau de la maison. C'est le signal. Je ne m'en soucie guère. Je sais bien qui paiera. Mais après les carreaux c'est moi que l'on vise. Je reçois deux demi briques qui tombent à mes pieds sans atteindre heureusement personne. C'est le moment de prendre une résolution. Je donne ordre qu'on me passe mon revolver ; je fais rentrer tout le monde et j'attends. A la première pierre qui m'atteint — tant pis pour moi si elle a bien visé — j'abats celui qui l'a lancée.

» Une minute s'écoule ; la foule hésite devant la résolution bien arrêtée qu'elle lit sur mon visage. C'est à ce moment que le commissaire de police débouche de la rue voisine, suivi de deux agents. Les trois ou quatre cents manifestants s'enfuient de toute la vitesse de leurs jambes. On en arrête deux, qu'on relâche, m'a-t-on assuré, un quart d'heure après.

» Arrivons à l'incident du soir. Les journaux du matin racontent d'une façon inexacte, l'agression dont j'ai été l'objet. En voici le récit fidèle :

» On avait annoncé des troubles pour le soir, pendant la musique du Square. Mon devoir était d'être là. Je savais d'ailleurs que j'y étais attendu. J'arrive vers 9 heures, et à mon premier tour j'entends une voix qui crie : A bas Allan ! A l'eau Allan ! Au second tour les cris sont plus accentués. Quelques-uns crient : A la *Vigie !* La foule s'ébranle et se dirige vers la porte du Square. »

Le *Radical algérien* au contraire, a joui pendant et après l'émeute, des faveurs de la multitude et quand par ses soins un meeting a été organisé contre les juifs, presque au lendemain de l'émeute, son directeur politique et son rédacteur en chef ont été proclamés, le premier président d'honneur et le second président effectif du comité chargé d'entretenir l'excitation, par un pétitionnement pour l'abrogation du décret de naturalisation collective.

Pendant les jours d'émeute, une manifestation bien flatteuse à ses yeux, eut lieu sous ses fenêtres par les individus qui croyaient venger l'honneur français, en dévastant les établissements commerciaux des français d'origine juive. Il en rend compte lui-même en ces termes :

MANIFESTATION AU « RADICAL »

« Vers onze heures et demie, une troupe de deux à trois cents jeunes gens traverse la place du Gouvernement, parcourt la rue Bab-el-Oued sans pousser un cri, et vient sous nos fenêtres manifester leurs sympathies en notre faveur, et protester contre les attaques injurieuses et inqualifiables dont nous avions été l'objet de la part des feuilles : *la Vigie* et *l'Akhbar*, ces hontes de la presse algérienne.

» Des cris : Vive le *Radical* se font entendre.

» Comme aucun de nos rédacteurs n'était présent, les manifestants se retirent sans bruit et sans tumulte.

» Ces marques de sympathie spontanée, venant de la population algérienne, en présence des attaques monstrueuses de la Presse vendue, nous causent un immense plaisir, et c'est du fond du cœur que nous remercions nos concitoyens. »

Ces marques de sympathie lui étaient dues d'ailleurs, car tout en faisant des efforts pour apaiser les troubles, il n'en reste pas moins le seul journal d'Alger qui les ait hautement approuvés.

Exemple :

A NOS CONCITOYENS

« Hier, nous vous disions : Du calme ! du calme ! Nous avons été entendus.

» Le calme n'est pas le renoncement. En certaines occasions, il devient une force.

» Du sang-froid, citoyens, c'est ce que nous disons aujourd'hui.

» Ne cédez ni à l'entraînement, ni aux excitations, dédaignez les provocations, d'où qu'elles viennent.

» Savoir rester calme, même dans l'absolu de son droit, est une force, force réelle, parfois plus grande, plus féconde, souvent plus irrésistible que la bataille et la lutte.

» On vous avait insultés, jeunes gens, c'est vrai, et votre indignation a été légitime ; la France, son histoire, encore palpitante au souvenir de nos désastres, était outragée par ceux-là mêmes qu'elle avait affranchis, et qui lui devaient reconnaissance et respect, sinon dévouement et amour.

» Vous avez relevé l'outrage, vengé l'injure.

» C'est bien.

» Ne cédez à aucune excitation. — Défiez-vous des traquenards et des piéges — y tomber serait plus qu'une faute.

» Vous avez vengé l'honneur et le nom Français, bafoués et insultés :

» Soyez satisfaits !

» Et maintenant nous dirons à nos jeunes, certains d'être en cela l'écho de l'opinion publique : Bravo ! vous avez fait votre devoir.

» Il n'est pas bon de rester sous l'injure, alors surtout qu'elle s'adresse au drapeau et au nom français. Vous avez bien fait de les défendre contre les quelques *Liébard juifs* qui l'outrageaient (*sic*), indignes en cela de l'affranchissement qu'ils leur doivent.

» L'injure vengée, c'est sur un autre terrain — celui de la discussion et de la protestation — qu'il faut porter vos revendications, sur le droit, en lui-même et l'usage ou l'abus qui en a été fait. Il convient de s'habituer à la vie publique, à la libre discussion, à l'expansion, sous toutes ses formes, de la liberté.

» Organisez donc des réunions publiques où ces questions de principe, de droit et de liberté seront posées et librement discutées.

» L'opinion se dégagera alors, sans pression, sans alliage, libre et d'autant plus imposante et plus forte. »

Nous voulons croire que les rédacteurs du *Radical algérien*, ne faisaient pas cause commune avec ceux qui pillaient les boutiques, mais tout ce qui précède prouve, que si les rédacteurs du *Radical* ne faisaient pas cause commune avec les émeutiers, ces derniers étaient convaincus du contraire.

LA FIN DE L'ÉMEUTE

Les troubles materiels de la rue durèrent cinq jours, pendant lesquels les perturbateurs firent à peu près ce qu'ils voulurent.

Nous devons constater qu'on ne vit le maire nulle part, pendant les journées de vendredi, de samedi et de dimanche.

La première proclamation adressée aux habitants, dans la soirée de dimanche, porte la signature du troisième adjoint. Aucune mesure ne fut prise par l'autorité municipale.

Pendant l'absence du Maire, les troupes de la garnison avaient été requises, et beaucoup d'arrestations avaient été opérées ; mais en revenant de la campagne, le Maire s'empressa de faire mettre en liberté les individus arrêtés et de renvoyer les troupes dans leurs casernes.

Quand tout fut fini et que les radicaux et les cléricaux anti-sémites virent qu'il ne fallait plus compter, — pour le moment du moins, — sur des troubles dont on était fatigué, ils songèrent à maintenir l'agitation dans les esprits, en provoquant des réunions publiques, et en tâchant d'organiser un vaste pétitionnement demandant au Parlement la dénaturalisation des trente-cinq mille citoyens français, nés en Algérie, professant le culte israélite. Une ligue fut formée, et un comité de 15 membres nommé, ayant pour président d'honneur M. Basset, et pour président effectif M. Presseq-Rolland ; le premier, directeur, le second, rédacteur en chef du *Radical algérien*.

Nous verrons plus loin à quoi aboutiront les efforts de cette ligue aussi radicale que ridicule.

———

QUELS ÉTAIENT LES ÉMEUTIERS ?

Quels étaient les émeutiers ?

On a voulu tout d'abord en accuser les indigènes et les étrangers, mais il a été démontré depuis que ces deux catégories d'habitants n'avaient pris aucune participation aux troubles.

Ainsi la haute ville habitée presque exclusivement par des indigènes a toujours été calme, bien que les troubles aient coïncidé avec les fêtes du Ramadan, époque où le fanatisme des musulmans est surexcité. Il n'y avait aucun indigène parmi ceux qui assaillirent divers journalistes et brûlèrent leurs journaux.

Les étrangers se tinrent également à l'écart. Les Espagnols, qui sont les plus nombreux, chargèrent leur comité de protester en leur nom, contre les assertions de la plupart des journaux d'Alger qui les représentaient comme ayant pris une part active aux événements.

Le consul d'Espagne, d'ailleurs, avait fait les plus louables efforts pour empêcher ses nationaux de se livrer au désordre.

Les manifestants, il faut le constater avec regret, étaient tous Français, et le *Radical algérien* ne se trompait pas d'adresse, quand il disait aux manifestants :

« Vous avez vengé l'honneur et le nom Français bafoués
» et insultés, soyez satisfaits. »

Oui, c'étaient des Français, mais des Français inconscients, de ceux qui croient encore à la sincérité républicaine d'un homme aigri et qui après avoir défendu les Israélites avec talent et conviction est devenu leur irréconciliable ennemi.

Le mouvement a eu pour cause des rancunes électorales. On a injurié, on a frappé, on a assommé, on a forcé des magasins, brisé et dévasté, mais non pillé ; ce qui prouve bien que les passions politiques étaient seules en jeu.

Les excitations du journal qui s'était mis à la tête du mouvement ne manquèrent pas pendant toute la durée des troubles. Tout en ayant l'air de recommander le calme il ne négligeait aucun moyen pour l'empêcher de revenir.

Déjà dans son premier article racontant la scène du vendredi à la Mairie, le *Radical* avait avancé que les Israélites étaient tous *porteurs de cannes, quelques-unes plombées.*

Il ne devait pas s'en tenir là.

Voici quelques entrefilets que nous prenons au hasard :

CES BONS JUIFS

« Nos bons juifs font tout ce qu'ils peuvent pour mériter les sympathies que nous éprouvons pour eux.

» Certains et des plus huppés cherchent à se venger des chasses qui leur ont été données ces jours derniers, *en mettant sur le pavé* leurs employés français.

» C'est bien là, vengeance de juif !

» De notre côté, si nous avions un peu de caractère et de ténacité, non seulement nous userions de représailles, mais nous ferions le vide dans leurs magasins en nous abstenant et en engageant les indigènes à suivre notre exemple. »

DIVISER POUR RÉGNER

« Nous nous demandons si cette année comme les années précédentes, MM. les nouveaux Français feront courir le bruit de l'imminence d'une insurrection arabe à la fin du Ramadan ? »

UN YOUD AMOUREUX

« Un de nos amis nous écrit de Relizane que la justice vient de coffrer M. A..., président du Consistoire israélite, collecteur en chef de la perception des marchés de la ville, pour détournement d'une mineure âgée de 18 ans.

» Si nous en croyons notre correspondant, ce scandale n'est pas le seul que nous ayons à constater à Relizane ; un autre enfant d'Israël, celui-ci agent de police, serait sous le coup d'une enquête provoquée par l'autorité municipale à la suite des nombreuses plaintes qu'elle aurait reçues sur la conduite scandaleuse de cet agent.

» Continuez, Messieurs *les youdis*, continuez. »

MM. LES JUIFS

« Plusieurs déclarations nous parviennent :

» Il paraîtrait que MM. les Juifs prêtent, *avec garantie*, de petites sommes à 100 0/0 d'intérêt ; par an ? Non : par mois.

» C'est typique.

» Le fait est connu à Alger depuis longtemps ; aujourd'hui, on exige non plus 100 0/0 par mois mais 120 0/0.

» Et les juifs parlent de *générosité* ; c'est grotesque.

» Ils méritent une médaille de première classe à l'exposition internationale de toutes les turpitudes. »

LES JUIFS COLONS !

« On nous annonce, et nous reproduisons le bruit sous les réserves les plus expresses, qu'un grand nombre de juifs voulant protester contre l'épithète de *parasites* qu'on leur applique, à tort, selon eux, désirent prouver qu'ils peuvent contribuer à la richesse de *notre nation* en se montrant enfin producteurs.

» Un certain nombre d'entre eux vont demander des concessions de terrains qu'ils cultiveront par *eux-mêmes.*

» On nous annonce aussi qu'à cet effet, beaucoup de riches partisans du culte mosaïque vont faire préparer leurs enfants aux écoles d'Agriculture, d'Art-et-Métiers, etc.

» En outre, les demandes d'entrée en apprentissage de petits juifs affluent chez nos patrons.

» La juiverie renversée, quoi ! »

MM. LES JUIFS

« M. Aaron Firbach doit être heureux ; une certaine quantité d'Européens ont été chargés et blessés par la troupe, et ce, d'après des ordres d'on ne sait où, et il paraît qu'on est absolument décidé à ne jamais nous le dire (nous le saurons quand même). Aujourd'hui, MM. les juifs, voyant l'effervescence passée, sont convaincus que le droit *absolu* de cité leur est rendu ; ils se trompent.

» Nous ne demandons pas que leur arrogance soit combattue « par une chasse » pareille à celle de ces jours derniers, mais il nous semble qu'il serait bon que la population européenne fut assez patriotique pour que la quarantaine imposée aux cholériques fut imposée à tous les pestiférés ! »

TRUCS JUIFS

« Voici un des nombreux procédés commerciaux de Messieurs les juifs avec les indigènes.

« S'il ne nous était assuré par une personne de justice, nous ne pourrions y ajouter foi, bien que nous soyons édifié sur leur loyauté, sur leur honnêteté commerciale :

» Un indigène de bonne apparence entre dans un magasin juif.

» Commis d'accourir, patron de s'empresser, de s'aplatir, Arabe naïf de se gonfler.

» Pour acheter, il faudrait marchander, naturellement offrir le tiers, le quart du prix demandé, l'Arabe toujours fier, voit clair parfois et se révolte enfin. Il veut sortir, halte-là !

» Fort de son titre de Français, le juif déçu de tout espoir de gain, rêve à une vengeance.

» Plaisir des dieux, surtout pour un juif en face d'un Arabe !

» Pour se venger donc, il prend le moindre objet, le met entre les mains de l'indigène ahuri et puis crie au voleur ! agents d'accourir, de brutaliser l'indigène qui proteste faiblement et qui passivement se laisse conduire à la geôle.

» Flagrant délit. Les juges ont vite jugé et c'est un innocent de plus condamné, qui portera, lui aussi, les Français, puisque c'est un Français, dans son cœur. »

Il fallait justifier l'émeute à ses commencements pour lui permettre de continuer.

« Dans notre numéro d'hier, en rendant compte de la bagarre qui avait eu lieu vendredi soir à la mairie, nous avions émis l'espoir que l'effervescence se calmerait et que le mouvement n'aurait aucune suite. Il n'en a rien été.

» Les injures lancées aux jeunes gens *français* par des *français malgré eux*, ont mis le comble à l'indignation de tous ceux à qui l'on avait stupidement crié à plusieurs reprises : « Les Français sont tous des lâches, on les a vus en 1870 ! »

» Des scènes dans le genre de celles qui se sont passées hier soir, sont certainement regrettables ; mais il faut bien reconnaître que tous les mouvements populaires, quelle que soit leur importance, sont toujours justifiables dans une très large mesure, et qu'ils ne sont jamais que l'explosion brusque et spontanée des sentiments longtemps contenus de toute une population.

» Or, à moins que l'on soit aveugle ou sourd, on ne peut nier, qu'il existe en Algérie une antipathie profonde entre la population vraiment française, et même étrangère, et la population israélite indigène.

» Peu importe ses causes, elle existe en fait, partout où les deux éléments sont en présence, et nous ne serions peut-être point autorisé à prétendre qu'elle tend à disparaitre.

» De part et d'autre les haines couvent et bien souvent, il ne suffit que d'un incident de maigre importance pour amener un heurt, désastreux quelquefois en ses conséquences, mais qu'aucune puissance ne saurait alors empêcher.

» Telle est tout simplement la cause du mouvement qui s'est produit hier, et dont on pourra nullement méconnaitre le caractère *anti-sémitique*.

» L'incident de la mairie a été l'étincelle qui a mis le feu aux poudres. »

Une fois l'émeute en train, il était naturel d'en entraver la répression en attaquant ceux qui voulaient rétablir l'ordre :

ALGER HORS LA LOI

« Le 30 juin 1884, un gendarme galonné « ivre ou fou, » en vertu d'ordres donnés on ne sait par qui, faisait charger à la baïonnette, une foule inoffensive place du Gouvernement.

» Il osait même menacer la Municipalité.

» D'où venaient ces ordres ?

» Le lendemain vers 11 heures du soir, les zouaves faisaient une charge à fond de train rue de la Lyre, blessant gravement quelques-uns des promeneurs, des enfants.

» D'où venait cet ordre ?

» Qui avait ordonné les nombreux actes de brutalité que les Algériens n'oublieront de longtemps ?

» Il faut que le coupable soit connu — que son nom soit publié. — Que ce fonctionnaire soit destitué.

» Nous avons le regret de constater que seul, de toute la presse algérienne nous avons protesté contre les illégalités commises par les autorités militaires de complicité avec les autorités civiles.

» Contre ces illégalités *monstrueuses*, qui se sont répétées à plusieurs reprises ces jours derniers, la Municipalité n'a pas osé protester.

» Il faut que les citoyens ayant conscience de la puissance de la loi aient cette audace.

» Il faut qu'ils fassent circuler et signer des listes de protestations et que celles-ci soient mises sous les yeux des représentants de la nation.

» Aujourd'hui à Alger, il n'y a plus de sécurité pour les citoyens français, on se croirait revenu aux grands jours de l'Empire ou de l'Ordre-Moral.

» Si l'autorité supérieure désirait l'apaisement, elle n'a réussi qu'à soulever l'indignation contre elle.

» Le 30 juin 1884, à 11 heures 50 du soir, un colonel de gendarmerie française, au mépris des droits de l'autorité municipale, seule responsable de la sécurité et de la tranquillité publique, un colonel de gendarmerie française commandant à des soldats français, ivre ou fou (nous en appelons à M. Guillemin, maire d'Alger, à nos conseillers, aux magistrats groupés autour de lui), a donné l'ordre à ses soldats de charger, sans qu'il y ait eu provocation et sans sommation, sur l'élite de la population française d'Alger réunie autour de ses seuls représentants.

» Le sang a coulé.

» Des citoyens inoffensifs, d'âge mûr et honorable ses sont vus bousculés, maltraités, frappés à coup de baïonnette. Les représentants de l'autorité, maire, conseillers municipaux, commissaire de police, ceints de leurs écharpes ont échappé par hasard, à ces charges hideuses et sans nom.

» Il faut que la lumière se fasse et qu'on nous dise à qui incombe la responsabilité de pareils ordres, si c'est au préfet, ancien fonctionnaire de l'Empire, au général de division ou au Gouverneur *civil* de l'Algérie, T'rman.

» Il faut enfin qu'on nous dise, si, depuis trois jours, l'Algérie est hors la loi.

» Restons, nous, dans la légalité et si nous voulons, si nous devons protester, faisons-le avec calme, avec modération, avec sagesse.

» La police est impuissante à rétablir l'ordre. Un juif ayant essayé de faire feu d'un revolver qu'il brandit, en insultant les assaillants est immédiatement arrêté et conduit au poste ; dans la mêlée un Arabe a reçu un coup de bouteille à la gorge, le sang coule, l'irritation est à son comble et il est à prévoir que les désordres de la veille vont se reproduire, lorsqu'arrive au'pas de course un détachement de zouaves qui disperse la foule.

» On signale une quinzaine de personnes blessées dans cette échauffourée. »

« Nous recevons d'un groupe de dames alsaciennes la protestation suivante :

» Nous sommes indignées de voir les troupes sur pied en faveur des juifs qui nous traitent de sales et lâches Français, et dont le seul *mérite* est l'orgueil et le vol.

» C'est le résultat évident des réceptions de cet hiver dans les salons de tous les Mardochée, Moïse, Abraham, etc.

» On n'ose sévir aujourd'hui, après avoir mangé les petits gâteaux de ces messieurs... C'est triste.

» Pauvre France !

« (*Suivent les signatures*). »

(*Radical algérien*. — 30 juin et 1er juillet.)

GARDE A VOUS !!!

« En face des provocations et des menaces de l'autorité,

» En présence de l'inaction, de l'abandon de notre Municipalité, le danger pourrait devenir, sinon réel, du moins plus grand.

» Tout est à craindre avec les anciens fonctionnaires de l'Empire, le règne des blouses blanches n'est pas si loin qu'il n'ait laissé des souvenirs.

» Défions-nous donc.

» Et puisque la Municipalité s'efface, puisque le Maire s'abandonne, c'est au peuple à faire lui-même sa police.

» Nous convions les citoyens à se réunir, à se concerter, à instituer une commission d'initiative, à organiser des comités de quartier, à nommer des délégués qui, à tour de rôle, auront pour mission de parcourir les groupes et d'engager les citoyens à éviter les attroupements inutiles, à éloigner les enfants, les Arabes, etc.

» Ces délégués auraient pour mission, surtout, de sauvegarder la propriété, de faire arrêter, au besoin, quiconque menacerait boutiques ou magasins, ouverts ou fermés. »

(*Radical algérien*. — 4 juillet 1884.)

« D'après notre excellent confrère, le *Petit Colon* :

LES JUIFS D'ORAN

« Le bruit circule ce soir à Alger, que les juifs d'Oran
» (dont on connait le fanatisme), excités par le fameux Ka-
» nouï, ont envoyé à Alger une délégation *pour engager les*
» *juifs de notre ville à la résistance contre le mouvement.*

» Nous donnons cette nouvelle sous les plus expresses
» réserves; mais *nous pouvons assurer que M. Kanouï*
» *d'Oran, est à Alger depuis plusieurs jours.* »

« Le fait est vrai.

» Hier soir, ces délégués ont provoqué au Consistoire
israélite d'Alger, une réunion à laquelle assistaient les
notables israélites d'Alger ; Kanouï d'Oran, présidait la
séance.

» La réunion a décidé que les juifs d'Alger devaient
envoyer leur famille, vieillards, femmes et enfants dans
l'intérieur ; après quoi les hommes valides se réuniraient
seuls dans un quartier qui n'est pas encore désigné.

» Pour donner une idée de la panique qui s'est empa-
rée des juifs, il nous suffira de citer ce seul fait : pendant
cette séance, l'un des membres de la réunion proposa
de... « se mettre sous la protection anglaise... ! ! »

» Il est vrai, nous devons le dire pour être juste, que
M. Kanouï fait protester, dans le *Petit algérien* de ce
matin contre ce bruit.

» Allons, tant mieux. »

Ces citations sont suffisantes pour permettre au lecteur
d'apprécier l'attitude de certains intransigeants d'Alger
pendant les troubles ; nous ne croyons pas qu'on en con-
clue qu'il ont fait de grands efforts pour les empêcher de
naître et de continuer.

L'ATTITUDE DES AUTORITÉS LOCALES

On a beaucoup critiqué l'attitude des autorités locales pendant les troubles; les uns, ceux qui les excitaient, ont prétendu que le préfet avait empiété sur les pouvoirs du maire, en requérant la force armée, en dirigeant la police pendant le temps qu'a duré l'abstention de la municipalité. D'autres, au contraire, lui ont fait le reproche d'avoir manqué d'énergie en face de l'émeute.

Quant à la Municipalité, son abstention inexplicable, et inexpliquée, pendant les premiers jours, a été sévèrement mais justement appréciée, tant à Alger qu'en France.

A qui incombait le droit et le devoir de prendre les mesures nécessaires pour garantir la sécurité?

Au Maire, et à son défaut au Préfet.

D'après la loi du 5 avril 1884, article 91, le Maire est chargé, sous la surveillance de l'administration supérieure, de la police municipale.

La police municipale comprend « le soin de réprimer les atteintes à la tranquillité publique, telles que les rixes et disputes accompagnées d'ameutement dans les rues, le tumulte excité dans les lieux d'assemblée publique, les attroupements, les bruits et rassemblements nocturnes qui troublent le repos des habitants et tous actes de nature à compromettre la tranquillité publique. »

L'article 98 de la même loi définit les pouvoirs du Préfet :

« Les pouvoirs qui appartiennent au Maire, en vertu de l'article 91, ne font pas obstacle au droit du Préfet de prendre, pour toutes les communes du département ou

plusieurs d'entre elles, et dans tous les cas où il n'y
aurait pas été pourvu par les autorités municipales,
toutes mesures relatives au maintien de la salubrité, de
la sûreté et de la *tranquillité* publiques.

» Ce droit ne pourra être exercé par le Préfet à l'égard
d'une seule commune qu'après une mise en demeure
restée sans résultats. »

Ces textes sont clairs et précis.

Cependant, le vendredi soir aucune mesure ne fut prise
pour empêcher le tumulte excité dans une réunion publique, autorisée à l'Hôtel-de-Ville et les rixes et disputes
qui s'ensuivirent.

Mais il semble que, d'après les rixes qui avaient eu lieu
le vendredi soir et l'émotion qu'elles avaient produite,
l'autorité locale pouvait, devait même s'attendre à quelques désordres dans la soirée du samedi. Un journal du
soir l'avait même annoncé: « On nous assure, — disait
la Vigie — que la bagarre doit recommencer ce soir. Les
jeunes gens des deux groupes se seraient donné rendez-
vous sur la place du Gouvernement et sur le Boulevard.

» Nous espérons que la police fera son devoir. Que la
troupe occupe au besoin les points signalés. Il faut à tout
prix mettre fin à une lutte aussi ridicule, aussi criminelle
même. »

L'autorité municipale ne paraît pas avoir ajouté foi à
cet avertissement.

Quand les désordres prévus et annoncés éclatèrent au
Square de la place Bresson, il n'y avait au milieu des
perturbateurs qu'un inspecteur de police. Vers neuf heures, le Préfet et le Procureur général vinrent sur les
lieux, essayant d'apaiser les manifestants; ils ne ren-
trèrent chez eux qu'à une heure très avancée de la nuit,

quand le calme leur parut rétabli, au moins jusqu'au lendemain.

Le Maire n'était pas présent, et le dimanche matin, il crut pouvoir s'absenter avec plusieurs de ses collègues, et il partait pour la campagne, en partie de plaisir.

Les troubles recommencèrent, et c'est encore le Préfet qui se trouva seul pour les réprimer.

Dans l'après-midi, un appel à la concorde fut affiché. Le Maire et le premier adjoint étant absents, ce fut le deuxième adjoint, M. Mercier, qui le signa.

Ce ne fut que le dimanche, à 8 heures du soir, que le Maire fit connaître sa présence ; son premier acte fut de faire mettre en liberté quelques-uns des perturbateurs, incarcérés pendant la soirée du vendredi et les journées de samedi et de dimanche.

On peut lire tous les comptes-rendus des journaux ; tous signalent la présence du préfet, du procureur général et du général de division ; aucun ne signale la présence du Maire.

« Une bande s'est portée sur la place Malakoff et a
» essayé d'enfoncer le magasin du sieur Moraly. Le géné-
» ral de division arrivé aussitôt avec une poignée d'hom-
» mes a immédiatement dispersé la foule. »

Le Préfet

« M. Firbach descend la rue de la Lyre ; il se tient un moment devant le magasin du sieur Hamdan ben Marabet où un groupe d'Arabes s'est formé. Là, il exhorte la foule à se disperser, puis il se rend sur la place Bruce. Il entre au palais du Gouverneur ; un rassemblement se forme devant le palais. »

(*Petit algérien*, 2 juillet.)

« Mais sur ces entrefaites, l'autorité militaire, prévenue par le Préfet accouru sur les lieux, envoie un bataillon de

zouaves en armes, pour empêcher les désordres. Des mesures d'ordre sont prises immédiatement. Les quatre commissariats de police sont occupés par des détachements de
soldats, et de nombreuses patrouilles parcourent toutes les
rues de la ville.

» Un des premiers, le Préfet était arrivé sur les lieux
et avait essayé d'interposer son autorité, mais le ton quelque peu cassant de M. Firbach ne lui valut qu'une bordée
de huées de la foule qu'il essayait de haranguer.

» Du reste, malgré les avertissements donnés dans la
journée, aucune mesure n'avait été préparée pour calmer
l'effervescence de nos jeunes gens.

» Vers 4 heures du soir, dimanche, l'effervescence est
à son comble ; les perturbateurs sont massés sur la place
Malakoff, devant le palais du Gouvernement.

» A ce moment une véritable émeute éclate : alors le
Préfet arrive dans une voiture, accompagné de M. le Procureur général Pompéï.

» Le Préfet donne aussitôt des ordres pour faire venir
les troupes consignées dans leurs quartiers. »

(*Petit Colon*, 1ᵉʳ juillet.)

« A 5 heures, dimanche, l'émeute bat son plein sur la
place du Gouvernement. Le Préfet et le Procureur général
parlementent avec les manifestants qui leur rient au nez
et continuent leurs vociférations. Ces Espagnols, ces Maltais, ces Arabes en guenilles entonnent la *Marseillaise*, et
c'est au chant glorieux qui a conduit nos pères à la victoire que l'on défonce les boutiques des Juifs. Pas de police,
pas d'organisation, pas de moyen préventif ou répressif.

» Le Préfet envoie chercher la troupe qui est consignée
depuis le matin, et en quelques instants les zouaves occupent la place du Gouvernement.

» A partir de ce moment le tumulte est à son comble. Grâce à la mollesse des autorités, nous en avons pour jusqu'à une heure du matin. »

(*Vigie*, 1er juillet 1884.)

Mais avant de rien faire, le Maire, oubliant que la police est dans les attributions exclusives de l'autorité municipale, du pouvoir exécutif de la commune et non du Conseil municipal, crut devoir réunir cette assemblée et lui demander une délibération sur les mesures qu'on avait à prendre pour le rétablissement de l'ordre. Un seul membre du Conseil, M. Charpentier, protesta contre cette façon d'intervertir les rôles et déclara que, pour son compte, il dégageait entièrement sa responsabilité dans une délibération illégale.

On lira cette délibération à la fin du volume, elle en vaut la peine. On y verra l'esprit qui animait le Maire et quelques membres du Conseil (B).

Le Maire répudie les moyens violents. Il y a eu des excitations de part et d'autre, dit-il ; en ordonnant la mise en liberté des perturbateurs, j'ai agi sagement ; ils m'ont promis de rester tranquilles. Il fait appel ensuite à ses collègues, auxquels il demande des conseils et un concours personnel, en les invitant même à porter des insignes distinctifs.

Puis, il menace M. Amar de lui retirer la parole parce que ce membre rappelle, ce qui était vrai — qu'en 1871, — sous l'administration de M. Vuillermoz, une émeute éclata et fut réprimée en 24 heures ; et que dans les plus mauvais jours de l'Empire, les rues d'Alger n'ont jamais été troublées à ce point.

Un membre parlant au nom de la population — pas de celle dont ou pillait les magasins — proteste contre les moyens violents qu'on pourrait employer pour dissiper les attroupements. C'est par des moyens pacifiques, selon lui, qu'on doit rétablir la tranquillité dans la rue.

Un autre se plaint de l'expression de populace appliquée aux bandes qui parcourent la ville, assomment des citoyens français et pillent les boutiques.

Des hommes se croyant pratiques, proposent des patrouilles de pompiers ; on discute longuement sur ce point.

M. Dumain, premier adjoint, après avoir flétri les gens sans aveu qui ont insulté l'armée, se sont précipités sur des personnes isolées, ont assailli les boutiques pour les piller, trouve que le Maire, quoique absent pendant trois jours, a fait son devoir. Il veut bien reconnaitre que le Préfet, toujours présent devant l'émeute, a largement payé de sa personne.

Enfin, la délibération suivante est prise :

« Le Conseil est d'avis d'organiser des patrouilles volantes au lieu et place des troupes à poste fixe.

» Décide qu'il sera remis à chaque Conseiller municipal une carte insigne portant le nom du Conseiller et le sceau de la ville.

» Décide qu'il n'y a pas lieu à suppression du concert populaire du 30 juin. »

Après ce vote et l'approbation d'une proclamation de M. Guillemin, faisant appel à la sagesse et au patriotisme des habitants, la séance est levée et les conseillers municipaux se retirent, comptant sur les manifestants « pour » assurer le maintien de la tranquillité publique. »

APPRÉCIATIONS DE LA PRESSE

SUR LA CONDUITE DES AUTORITÉS PENDANT LES TROUBLES

La Presse algérienne et même la Presse parisienne n'ont pas ratifié les éloges adressés au Maire d'Alger par son premier adjoint, M. Dumain.

Voici quelques appréciations prises dans des journaux d'Alger où la conduite de la Municipalité d'Alger est sévèrement jugée :

PETIT COLON

« Nous tenons sans tarder à protester contre la déplorable imprévoyance, d'une municipalité responsable qui n'a pas su intervenir à temps. »

(3 juillet).

VIGIE ALGÉRIENNE

« Nous avions mis hier, par une note de la dernière heure, l'autorité en garde contre le retour des scènes de la veille. Nous avions conseillé des mesures de précaution : le doublement des postes de police, l'occupation par les troupes des points de rassemblement désignés. *Rien n'a été fait.* De sorte que pendant près de quatre heures, tout un quartier de la ville a été livré à une poignée de gredins. Nous examinerons plus tard à qui incombe la responsabilité de ces négligences, peut-être calculées.

» Cependant les autorités se sont rassemblées sur la place du Gouvernement. Tout le monde a perdu la tête. Le maire arrive de la pêche où il est depuis la veille ; le préfet ne sait pas prendre une décision ; les adjoints et les quelques conseillers municipaux présents croient que leur popularité court des risques et n'osent pas assumer la responsabilité de mesures de rigueur.

» Il était pourtant bien simple d'en finir en dix minutes. Placer une escouade d'agents de police à l'angle de la rue du Divan, avec ordre d'arrêter les émeutiers et de les conduire à la geôle. Il y avait 50 arrestations à faire : pas plus. On aurait pigé la fine fleur des repris de justice et des alphonses indigènes et autres. La masse se serait immédiatement dispersée pour ne pas être confondue avec cette tourbe et le terrain eût été déblayé en un instant.

» Mais personne ne donne cet ordre. Au contraire. On laisse insulter les patrouilles devant les autorités même. Un sous-lieutenant de chasseurs est presque jeté à bas de son cheval. Il fait preuve, ainsi que ces hommes d'une patience admirable ; mais qui l'aurait blâmé s'il eût cédé à un mouvement d'indignation ? Quant à la troupe, les autorités, ayant délibéré, tombent d'accord que sa vue exaspère le peuple et qu'il faut la retirer.

» Et pour donner satisfaction à ces honorables grinches, nos braves zouaves, qui supportent depuis cinq heures les bourrasques de cette voyoucratie, font demi tour et rentrent dans leurs quartiers.

» Ce qui est arrivé était facile à prévoir. La bousculade a pris des proportions plus graves. Un officier menacé a perdu son sang-froid et a dégainé. Le maire, le préfet, le brave et courageux Pompéï, assistent à cette scène que leur pusillanimité seule a provoquée et entretient.

» Enfin, à une heure du matin, chacun étant fatigué, éprouve le besoin d'aller se reposer. Mais pour que la fête ne laisse de regrets pour personne, les émeutiers somment le maire d'Alger de délivrer ceux de leurs camarades que la police a arrêtés. M. Guillemin paraît trop heureux de s'en tirer à si bon compte. Il va en personne délivrer les prisonniers, — on ne dit pas s'il leur a fait des excuses — et le calme renaît en ville. »

(1er juillet.)

« L'émeute que l'on croyait terminée a repris ce matin. Parmi les manifestants on a remarqué, nous assure-t-on, plusieurs des individus relâchés cette nuit. C'était à prévoir.

» Cinq nouvelles boutiques viennent d'être pillées.

» Celle de M. Amar, marchand de tabacs, rue de Chartres.

» M. Kanoui, marchand d'anisette, rue de Chartres.

» Et trois à la place de la Lyre.

» Pendant que cette racaille parcourt les rues, semant la terreur, les agents de police se promènent tranquillement le sourire aux lèvres.

» Quand par hasard ils sont obligés d'arrêter quelqu'un, ils s'empressent de le relâcher au détour de la rue.

» Allons, le moment des décisions viriles est arrivé !

» Au lieu de ces mesures, qui n'exigeaient qu'un peu de fermeté, on a préféré de tergiverser, se dérober d'abord, agir avec mollesse, montrer la plus déplorable indécision en un mot. Si Alger est dans l'état où il se trouve en ce moment, il faut avoir le courage de le dire : c'est à la faiblesse des autorités que nous le devons.

» La bagarre n'est pas finie, mais elle est dès à présent privée de ses chefs. A deux heures du matin, 58 individus sont rassemblés dans le marché de la place de la Lyre. L'autorité municipale les revendique. Bernique ! On les conduit au fort Bab-Azoun. Que l'on vienne là réclamer leur mise en liberté. »

(2 juillet.)

UNION AFRICAINE

« Il s'agissait dès le début d'une échauffourée sans importance, qui aurait été vite calmée, si le service de la police, au lieu d'être en des mains débiles, se fût trouvé, comme autrefois, entre les mains d'un fonctionnaire énergique.

» Notez bien que nous ne voulons point parler de M. Firbach qui a été d'une insuffisance extraordinaire...

» Par suite de l'inertie du chef de la Municipalité — chef de la police — nous nous nous sommes trouvés en présence d'une petite révolution qui a amené et amènera de regrettables désordres. »

(2 juillet 1881.)

MONITEUR

Parlant de la bagarre de vendredi à la Mairie, ce journal disait en terminant :

« Sans donc rechercher les causes de cette bagarre, nous nous contenterons de regretter que l'absence d'agents de police lui ait permis de se prolonger beaucoup plus que de raison. »

Dans son numéro du 8 juillet suivant, il était plus sévère :

« A qui la faute? disait-il, évidemment à ceux qui ont en mains l'autorité et qui ne savent pas s'en servir pour atteindre les vrais coupables, à la Municipalité qui seule centralise tous les moyens d'action et montre depuis le commencement des troubles, tantôt hésitation et pusillanimité, tantôt une énergie dirigée contre des promeneurs inoffensifs, et de nature à engendrer les troubles les plus graves, en provoquant des collisions comme celles qui ont deux fois manqué avoir lieu sur la place du Gouvernement, lundi et hier, à la suite de l'engagement tout à fait inutile de patrouilles avec des groupes dont l'attitude n'avait rien de provoquant.

» Que M. le Maire d'Alger le sache bien. C'est à lui qu'incombe le devoir d'assurer la sécurité des biens et des personnes. Moralement il assume la responsabilité de tous les faits délictueux commis ou à commettre, et c'est encore lui qui sera responsable si, en présence de son impuissance, le soin de rétablir le calme est remis en d'autres mains. »

LA SOLIDARITÉ

« Nous adressons toutes nos félicitations et tous nos remerciements à M. le Consul d'Espagne. Nous l'avons vu à l'œuvre pendant les nuits sombres, et il était à son poste, là où nous aurions voulu voir la Municipalité, et ses compatriotes lui doivent de la reconnaissance pour en avoir détourné quelques uns d'entre eux et leur avoir évité la honte qui couvrira bientôt les manifestants. »

(2 juillet)

LE RADICAL ALGÉRIEN

« La journée d'hier se serait passée sans incidents et surtout sans nul péril, si ceux qui représentent l'autorité communale ne s'étaient pas dérobés, et si les autres n'avaient voulu se donner la puérilité d'une parade militaire.

» On peut le dire en toute certitude, c'est l'intervention de la force armée, le déploiement inusité et presque grotesque de la force publique, qui a, sinon créé, du moins prolongé l'agitation plutôt de surface que sérieuse au fond. Tout se serait éteint faute d'aliment et chacun serait rentré chez soi.

« Mais il fallait à M. le préfet Firbach sa petite mise en scène, et à M. Tirman sa *bataille de Clichy*. Les affolés de la veille sont devenus les ridicules du lendemain. Et la ville a été occupée militairement.

» Il n'y manquait que les canons et les caissons traînés par les rues.

» C'était grotesque.

» Nos autorités : Tirman, Firbach, Pompéï et leur suite, ont manqué là une belle occasion de faire preuve de sang-froid et de bon sens.

» Ils ont tenu à se montrer grotesques.

» Ils ont parfaitement réussi.

» Quant aux représentants de la commune, sans le concours desquels la force armée ne pouvait être mise en mouvement, ils ont manqué d'initiative et de résolution,

» Ils se sont effacés : -- c'est une désertion ! »

(1er juillet.)

« Chacun sait que nous avons combattu M. Guillemin, au point de vue politique ; chacun sait aussi que nous ne lui avons pas épargné les protestations contre certaines mesures municipales.

» Nous sommes donc aujourd'hui fort à notre aise pour affirmer que la conduite de notre premier magistrat a été dans la nuit d'hier soir d'une correction et d'une énergie à la hauteur de ses fonctions.

» Le colonel de gendarmerie, à la tête de son ou de ses escadrons, chargeait la population ; M. Guillemin s'est avancé, et au nom de la loi, a protesté contre cet abus d'autorité militaire.

» Le colonel alors s'est permis de répondre au premier magistrat de notre ville ces mots : « *Tout maire d'Alger que vous êtes, je ferai charger sur vous.* »

« *Eh bien, chargez ! répondit le Maire, chargez !* » et en même temps, il découvrit sa poitrine. »

» Quelques instants après, le colonel est pris à partie par un citoyen.

« Vous faites de l'arbitraire, de l'illégalité ! » J'en ferai moi, de la légalité en vous f... au bloc.

» Et il le saisit au collet.

» Eh bien, c'est moi, dit M. Guillemin, en le dégageant, qui vous ferai arrêter. »

(3 juillet.)

Ces deux anecdotes paraissaient être de pure fantaisie, elles n'ont été reproduites par aucun journal d'Alger.

A QUI LA RESPONSABILITÉ ?

« Sous toutes réserves, des gens bien informés nous affirment que les ordres de répression énergique viennent du Gouverneur général, qui s'est concerté avec le Préfet et avec M. Kanoui, d'Oran.

» Un piquet de 150 hommes gardait, hier, le palais du Gouverneur.

» Rassurons Marabout Ier, son inutile, nulle et nuisible personne n'est pas en danger.

» Nous avons le regret de constater que seul, de toute la presse algérienne, nous avons protesté contre les illégalités commises par les autorités militaires de complicité avec les autorités civiles.

» Contre ces illégalités *monstrueuses* qui se sont répétées à plusieurs reprises ces jours derniers, la Municipalité n'a pas osé protester.

» Il faut que les citoyens ayant conscience de la puissance de la loi aient cette audace.

» Il faut qu'ils fassent circuler et signer des listes de protestations et que celles-ci soient mises sous les yeux des représentants de la nation. »

AKHBAR

C'est le seul journal qui ait cru pouvoir adresser quelques paroles d'approbation à la Municipalité d'Alger :

(1er juillet.)

« Néanmoins, ce qui a été fait a été bien fait, et nous devons reconnaître que les autorités ont fait preuve du plus grand dévouement et de la plus louable activité.

» Il y a peut-être des efforts maladroits, accomplis en pure perte, mais, ce qui est essentiel à dire, parce que cela est vrai, c'est que chacun a fait son devoir.

» La police s'est multipliée et elle a été très modérée. Bien des gens l'accusaient de faiblesse. Nous croyons que c'était à tort, car dans des circonstances aussi délicates, il est bien difficile d'agir de manière à contenter tout le monde.

» L'armée a été parfaite d'attitude et de modération, et nous adressons nos plus vives félicitations aux chefs qui ont accompli avec beaucoup de sang-froid et de calme une besogne qui a été souvent rendue fort pénible par l'attitude des perturbateurs. »

(3 juillet.)

« Nous dirons à ce propos — la proclamation du 1er juillet — que la Municipalité d'Alger se conduit admirablement et qu'elle déploie la plus grande énergie et la plus louable activité. Le *Radical* lui-même a été obligé de rendre justice à M. Guillemin.

» On a parlé de l'état de siège, m.   cela ne peut-être sérieusement, car les faits n'ont pas é   .té suffisante pour motiver une mesure aussi exceptionnelle.

» L'autorité est très suffisamment armée et, si elle n'agit pas avec plus de vigueur, c'est qu'elle éprouve un senti-ment de retenue, dont on aurait tort de lui faire un crime, car il est tout à fait à son honneur.

» Cependant, si les choses continuent, elle se verra dans l'obligation de se montrer plus sévère, et elle le fera.

» Espérons que les choses n'iront pas jusque-là. »

L'*Akhbar*, journal ami de la Municipalité, est obligé de reconnaître le 3 juillet, c'est-à-dire à la fin des trou-bles, qu'elle n'a pas agi avec une grande vigueur. Mais il se garde bien d'expliquer l'absence du Maire les vendredi, samedi et dimanche et de nier la partie de campagne de cette dernière journée pendant qu'on assommait et qu'on pillait dans les rues de la ville.

Parlant du Maire d'Alger, le correspondant parisien du *Radical algérien* s'exprime ainsi :

« Au milieu de tout ce tapage, on se demande ce que faisait votre Municipalité ?

» C'est à elle qu'appartenait le devoir de ramener et d'assurer le calme dans la cité. Comment a-t-elle aban-donné ce droit si important, si populaire et livré la ville à l'autorité militaire ?

» On la juge sévèrement, sans pourtant voir nettement les causes d'une telle conduite. On se dit qu'après tout, elle était l'élue des juifs, que la bourse de ceux-ci était utile à ses projets et trafics financiers. »

4

Il n'est que trop vrai que les électeurs juifs ont beaucoup contribué à la réélection de M. Guillemin et de ses amis. Ils doivent le regretter amèrement aujourd'hui ; il leur a assez montré son antipathie pour leur race, en ne faisant rien, absolument rien pour les protéger, et en insinuant, dans une proclamation équivoque qu'il demanderait, lui aussi, l'abrogation du décret de naturalisation. Les procès qui vont surgir contre la ville démontreront que l'impuissance de la municipalité est due à la faiblesse, à l'insouciance de son chef.

LES INDEMNITÉS

Les groupes de manifestants devenaient plus rares et moins nombreux. L'émeute touchait à sa fin. La fameuse insulte à la France avait fait son temps. On ne pouvait espérer, en effet, que l'on continuerait, pendant des mois entiers, à enfoncer les boutiques, à battre les juifs, à seule fin de venger la France, d'une injure proférée contre elle dans la réunion de vendredi, à la mairie, par un jeune conscrit israélite, que personne n'avait vu ni entendu, qui est resté et qui restera inconnu, par la raison bien simple que l'injure n'a pas été proférée.

D'ailleurs, malgré la fausseté de l'accusation, l'injure reprochée avait été désavouée et une satisfaction qui n'était pas due avait été donnée. Le moyen était donc usé.

Les hommes du *Radical algérien* et ceux de l'*Union africaine* le virent, non sans regret.

Les représentants de l'athéisme et du cléricalisme d'Alger, unis par une haine commune contre les Israélites avaient fait bon ménage pendant l'émeute, et cette alliance bizarre leur avit été profitable. Ils y avaient gagné, — le *Radical* surtout, — un certain prestige et beaucoup d'autorité sur les émeutiers.

Ce prestige allait disparaitre, cette autorité allait leur échapper, ils allaient rentrer dans l'obscurité.

On chercha donc un autre moyen de faire quelque bruit, et on trouva la question des indemnités que les commerçants pillés allaient, disait-on, réclamer à la commune et qu'ils ont eu tort de ne pas réclamer.

Le droit à une indemnité n'était certes pas douteux, e

quelques journaux l'avaient constaté, notamment *le Petit Colon: la Vigie* et *la Solidarité*.

Le *Petit Colon* disait le 2 juillet :

« Il faut d'abord, et à tout prix, mettre un terme à des scènes qui, en se prolongeant, jetteraient dans le pays un trouble profond, *dont tout le monde* aurait gravement à souffrir.

» Ce n'est plus seulement à nos compatriotes français que nous nous adressons pour faire cesser ces faits. C'est à tous les habitants d'Alger qui se respectent, c'est à tous les contribuables de la commune, car leur *responsabilité pécuniaire et personnelle* y est engagée.

» La loi est absolument formelle.

» Les communes sont civilement responsables des dégâts et dommages commis, à force ouverte ou par violence sur leur territoire, par des attroupements ou rassemblements armés ou non armés.

» Ces dommages-intérêts sont *répartis entre tous les habitants domiciliés dans la commune en vertu d'un rôle spécial.* »

La *Solidarité* s'exprimait ainsi :

« Si, comme autrefois, la Municipalité n'avait pas eu à sa disposition la police locale et la force armée, les commerçants dévalisés ne pourraient point s'adresser à la commune pour la réparation des dommages qu'ils ont éprouvés.

» La commune d'Alger ne peut donc se prévaloir du deuxième alinéa de l'article 108, puisque depuis 1882, sur ses demandes réitérées, la police locale est entièrement dans ses attributions.

» Elle a le pouvoir en mains, il est juste qu'elle en ait la responsabilité.

» Pour écarter la responsabilité qui lui incombe, elle doit prouver devant les tribunaux compétents qu'elle a pris toutes les mesures qui étaient en son pouvoir, à l'effet de prévenir les attroupements ou rassemblements et d'en faire connaître les auteurs.

» Le pourra-t-elle ?

» C'est ce que les procès qui vont être engagés nous feront connaître. »

Ce fut une bonne aubaine pour le *Radical*, journal de M. Basset, qui le 5 juillet publiait l'entrefilet suivant :

NOTE A PAYER

« Les magasins juifs continuent à rester fermés.

» Pourquoi ?

» On nous assure que MM. les juifs préparent des notes » colossales de demandes de dommages-intérêts.

» Ce sera drôle ! »

Ce qui fut plus drôle encore, ce fut le petit article qui suit, publié le 6 juillet, en tête du même journal et en très gros caractères, afin d'augmenter la sensation qu'il devait produire :

LA NOTE A PAYER

« On fait courir le bruit que M. Jules Grévy, Président de la République, a télégraphié de payer les indemnités réclamées par les Juifs.

» Ces indemnités s'élèveraient à 2.500.000 francs.

» Nous prions M. Tirman, gouverneur général civil de l'Algérie, de démentir ce bruit qu'on nous affirme être fondé. »

Cet article ne s'adressait pas évidemment aux gens ins-truits, mais à ceux qui ignorent entièrement notre organisation politique ; à ceux qu'on fait descendre dans la rue avec des mensonges, si absurdes qu'ils soient.

Le directeur politique du *Radical*, n'a pas cru pendant une seconde, au bruit absurde qu'il priait M. Tirman de démentir. M. Basset n'ignore pas que le Président de la République ne dispose pas des fonds de l'Etat et que s'il avait envoyé un tel télégramme à M. Tirman, c'est qu'apparemment il aurait perdu la raison.

C'est donc sciemment et pour les ignorants que M. Basset a laissé insérer dans son journal une aussi grosse sottise.

Le journal *la Solidarité* pensait que cette réclamation devait être faite dans l'intérêt des principes et dût-on consacrer à une œuvre de bienfaisance les indemnités que la commune serait condamnée à payer.

LES DOMMAGES

« Je n'ai pas entendu dire que les honorables commerçants français dont les magasins ont été saccagés, aient tenté la moindre démarche pour se faire indemniser par la commune, des dommages-intérêts que ces quelques individus leur ont fait éprouver pendant les quelques jours où, grâce à la singulière conduite du Maire, ils ont été, à peu de chose près, les maîtres de la ville. Les commerçants lésés auraient grand tort, à mon avis, de montrer tant de générosité. Il est bon que les fautes soient réparées ; c'est un moyen d'en prévenir le retour. Il faut que les bons citoyens apprennent à leurs dépens, qu'il ne leur suffit pas de rester impassibles devant ce pillage, parce que, en fin de compte, on est obligé de rembourser soi-même, en vertu d'un rôle nominatif spécial, le montant du dommage.

» Quand l'exemple aura été donné ; quand les citoyens honorables auront dû payer une taxe de 40 ou 50 francs par personne, on ne laissera pas aussi facilement, une autre fois les malfaiteurs, vociférer le cri de : *Mort aux Juifs* et saccager les boutiques, en chantant à tue-tête : *Le jour de gloire est arrivé.*

» Mais si l'on s'abandonne ainsi, si les commerçants lésés supportent philosophiquement leurs pertes, s'ils manquent à leur devoir de pères de famille et même de citoyens français en ne demandant ni justice, ni réparation, ils ne devront pas être étonnés que les troubles recommencent à la première occasion. Il n'y a que le premier pas qui coûte. On sait que l'on court peu de risque, que si on est arrêté une première fois, le Maire est là pour vous ouvrir les portes de la prison, et que si on est arrêté une deuxième fois, le tribunal correctionnel est assez bienveillant pour n'appliquer que des peines de simple police.

» Dans l'intérêt des principes, et dût-on consacrer à une œuvre de bienfaisance les indemnités que la commune sera condamnée à payer, on doit faire connaître au Maire l'importance des dommages éprouvés pendant qu'il se divertissait avec ses amis à la campagne, et lui en réclamer le montant. »

Ces Conseils ne furent pas suivis, aucune indemnité ne fut réclamée à la commune, par ces commerçants israélites que l'on dit si rapaces ; ils ont vu leurs boutiques dévastées, et ont, en outre, subi un chômage forcé de cinq jours, pendant lesquels leurs magasins ont dû rester fermés par ordre de la police ; et pas une de ces victimes n'a demandé réparation pécuniaire pour le dommage causé, ce qui n'empêcherait pas le cas échéant le *Radical algérien* de dire que les Juifs préparaient des notes colossales, et que M. Jules Grévy leur avait accordé deux millions cinq cents mille francs !

LE PRÉTEXTE

On a vu comment avaient commencé les troubles.

Proposer d'exclure les Français ne faisant pas le service militaire en Algérie était une façon de demander l'exclusion complète des Israélites, ces derniers devant faire leur service en France.

C'est cette injure, contre laquelle les conscrits israélites protestèrent, qui a amené le mouvement anti-sémitique qui a duré une semaine.

Il n'est pas vrai que l'un des conscrits israélites ait insulté la France dans cette soirée.

Ce n'est que plus tard et pour justifier autant que possible les scènes sauvages de la rue qu'on a raconté qu'un conscrit avait dit : « Les Français sont tous des lâches, » on les a vus en 1870. »

Le coupable n'a jamais été découvert. C'était pourtant chose facile si le fait eut été exact. Il est bien extraordinaire que dans une réunion peu nombreuse et où chacun connaissait son voisin, on n'ait pu reconnaitre l'auteur d'une insulte qui a provoqué la bagarre du vendredi et les dévastations des jours suivants.

Elle n'a jamais été avouée, et le Consistoire lui-même, obligé dans l'intérêt de la paix publique à faire une déclaration de dévouement filial à la France et de protester contre cette prétendue insulte, a eu soin de faire remarquer que les auteurs en étaient restés *inconnus*.

On a fini pourtant par mettre la main sur un juif, qui avait traité les Français, de *sales Français ;* il a été condamné à un mois de prison pour cette parole, alors que, quelques émeutiers, parmi ceux qui dévastaient les boutiques des citoyens français d'origine juive, en étaient quittes pour des peines de simple police.

Mais le délit de cet Israélite ne prouve rien. Le délinquant nommé Hadjadj est un Tunisien, non naturalisé; il ne pouvait donc faire partie de la classe 1888 ni figurer à la réunion de la Mairie. Ce n'est que quelques jours plus tard, pendant l'émeute, que ce jeune homme a prononcé l'insulte qui lui a valu sa condamnation.

Voici l'appréciation de cet arrêt par le journal *la Vigie algérienne*; sous une forme humoristique, elle dit la vérité:

« Cette fois ça y est, hein ? Un vil rebut de la société, un de ces juifs maudits que nous avons faits Français, nous a outragés, dans notre patriotisme. Cet homme a osé dire: « Les Français sont des lâches ! » A ces mots l'indignation n'a plus connu de bornes. La foule a fait justice sommaire de ce misérable. Telle a été l'origine des troubles qui ont affligé Alger pendant six jours. Puis, lorsque le calme a été rétabli dans les esprits, la magistrature a complété le châtiment. Une première juridiction avait infligé à ce criminel trois jours de prison. C'est évidemment dérisoire. Mais Pompéi veillait, le glaive à l'alignement de ses côtelettes. Il fait appel. Peu s'en fallut même qu'il ne vînt en personne apporter à la Cour, le stock d'accents indignés que lui a laissés Caravacca. Sa modestie l'emporte cependant. Il délègue un de ses substituts, et à la dernière audience, le juif Hadjadj est condamné à un mois de prison et cent francs d'amende. Vive la France! Montons au Capitole et rendons grâce aux dieux qui nous ont fait remporter la victoire sur nos ennemis.

» Hélas !

» Le juif Hadjadj est originaire de Tunisie et, par conséquent, *non compris dans le décret de naturalisation Crémieux.* Eh quoi ! Ce n'est pas même un de ces *sales juifs* que nousavons fait Français malgré eux ? Pas même! Du coup tout l'échafaudage s'effondre. Plus de cette fameuse réunion de la classe à la Mairie, d'où l'on prétend faire sortir tout le mal et à laquelle il n'assistait pas. Hadjadj est un gamin de 19 ans, ouvrier bijoutier, sans instruction ni grande intelligence. Sa conduite le prouve bien. S'il avait fait des études complètes comme celles de M. Pompeï; s'il avait appris l'art oratoire à la même école, au lieu de dire à la foule qui s'apprêtait à l'assommer : « Les Français sont des lâches » ; — il aurait dit: « Je ne sais pas si vous êtes des Français, des Espagnols, des Turcs ou des Mongols, mais ce que je sais bien, c'est que vous êtes tous des lâches ! »

» Ce défaut de forme lui a valu un mois de prison et vaudra à notre héroïque procureur général la croix de commandeur de la Légion d'honneur.

» Ainsi va le monde. »

C'est pourtant sur ce prétexte mensonger que pendant six jours « on a vu, — dit le *Petit Colon*, journal qui » combat le décret de naturalisation, — ces types hâves » et sinistres qui hurlent en attendant le pillage, et har- » dis comme des LACHES tombent volontiers cent contre » un. »

Et en effet, dès le lendemain de la bagarre, les jeunes gens de la classe avaient été remplacés par ces types hâves et sinistres dont parle le *Petit Colon.*

Les meneurs d'une infime coterie, voulant tirer parti de l'imprudence de quelques jeunes gens et comprenant qu'on ne soulève pas les masses avec des discussions abstraites sur la naturalisation collective, imaginèrent l'insulte à la France et réussirent ainsi à généraliser le mouvement.

« Les injures lancées aux jeunes gens *français* par des *Français malgré eux*, ont mis le comble à l'indignation de tous ceux à qui l'on avait stupidement crié à plusieurs reprises : « les Français sont tous des lâches, on les a vus en 1870 ! »

(*Radical algérien*, 29 juin.)

« M. Tirman est coupable pour n'avoir pas, lorsque les membres du Consistoire sont allés lui adresser leur plainte, exigé d'eux, avant de les entendre, qu'une protestation énergique fut signée contre le juif qui, *vendredi*, avait insulté les Français.

» Les hommes qui, sans protestation, laissent impunément insulter leur Patrie ; qui, à l'abri des bayonnettes, protègent l'*insulteur* contre l'insulté, sont indignes de présider aux destinées d'une ville. »

(*Radical algérien*, 2 juillet.)

« Sur ce conflit, insignifiant en lui-même, se sont greffés tous les mécontentements, toutes les hostilités, toutes les haines, soulevés depuis si longtemps par les journaux insulteurs qui avaient bien soin, il est vrai, pour tâcher d'échapper à la responsabilité de leurs actes, de donner bien haut à tous le conseil de rester tranquilles, mais qui, en même temps, étalaient complaisamment dans leurs colonnes les outrages que, ils l'affirmaient du moins, certains juifs auraient proféré contre la France.

» Nous n'avons certainement pas la prétention d'affirmer que tous les Israélites, indistinctement, sont des modèles de bonne éducation, d'instruction et de civisme, mais les reproches parus dans certaines feuilles étaient généralisés et étendus à tous, et le moment mal choisi de les produire.

» Est-ce qu'en pareil cas, en admettant même que ces outrages aient été réellement proférés, des journalistes consciencieux, jaloux d'apporter leur concours au maintien de l'ordre, ne se seraient pas empressés de garder le silence ?

» La faute, après tout, n'était qu'une faute personnelle, individuelle, dont il était dangereux et injuste de faire retomber la solidarité sur tous les juifs en général.

» Il est bien certain que de banales exhortations au calme ne pouvaient détruire l'effet de la publication des paroles outrageantes et imprudentes, attribuées à certains juifs et qu'il eût été si nécessaire de ne pas divulguer en pareil moment. »

(*Akhbar*, 1er juillet 1884.)

« On ne l'ignore pas, la cause première de toute l'agitation de tous ces jours-ci a été ces paroles prononcées dans la réunion des conscrits :

« Sales Français ! vous êtes des lâches, et vous l'avez prouvé en 1870. »

» Nous avons pris des informations sérieuses, il en résulte que ces paroles inqualifiables ont été réellement prononcées par des Israélites. Il est concevable dès lors que la fureur des Français insultés n'ait plus connu de bornes, et si les autorités juives veulent apporter quelque calme aux esprits exaspérés, elles comprendront qu'il est de leur devoir de rechercher les noms de ceux qui ont prononcé ces paroles et de les livrer à la vindicte et au mépris publics.

» Il faut que les vrais auteurs de tout le mal soient punis. »

(*Union africaine*, 2 juillet.)

UN VÉRITABLE FRANÇAIS

« Un honorable Israélite d'Alger a dit dans une réunion :

» Si je connaissais l'Israélite qui, par ses paroles imprudentes, a déchainé la colère des Français, je serais le premier à l'aller châtier. »

» On sait, en effet, que dans la première réunion des jeunes gens de la classe, on aurait entendu ce cri :

« Sales Français ! », cri qui a mis le feu aux poudres. »

(*Union africaine*, 2 juillet.)

C'est enfin pour apaiser l'exaspération des émeutiers, causée, disait-on, par les propos injurieux tenus contre la France dans la réunion des conscrits, que le Consistoire israélite dût se résigner à faire amende honorable par la lettre suivante, au Maire d'Alger :

« Alger, le 1er juillet 1884.

» Monsieur le Maire,

» Le Consistoire, au nom de la population israélite toute entière, vient protester contre les propos qui sont prêtés à quelques-uns de ses coreligionnaires restés inconnus.

» *Si les propos ont été tenus*, notre devoir est de les désavouer énergiquement.

» Par affection autant que par reconnaissance, nous affirmons solennellement notre dévouement filial à la France et à la République.

» Veuillez agréer, Monsieur le Maire, l'assurance de notre considération la plus distinguée.

» *Les Membres du Consistoire,*
» Signé : J. STORA ; J. LÉVI BRAM ;
S. VAISSE ; DAYAN. » (1).

---

(1) C'est sur les pressantes instances de M. le Maire d'Alger que cette

On avait pu croire qu'après cette protestation, les désordres cesseraient. On l'avait demandée avec insistance et comme le seul moyen de calmer l'effervescence :

« Cette satisfaction, disait le *Petit Colon*, donnée à une partie de la population ardente, mais honnête, qui s'est mêlée aux manifestations, suffirait plus qu'aucune mesure militaire à ramener le calme dans les esprits les plus surexcités. »

« Il nous faut une réparation de l'injure qui nous a été faite et l'ordre sera rétabli. »

(*Radical algérien*, 1er juillet.)

« La foule commente la proclamation du Maire.
» Nous entendons les réflexions suivantes :
» Les Juifs ont appelé les Français « lâches », qu'ils rétractent et tout sera fini. »

(*Union africaine*).

Il n'en fut rien, pourtant les troubles continuèrent.

L'*Union africaine*, ne trouvait pas la rétractation assez formelle : « les propos ont été tenus, affirmait le » journal réactionnaire, et nous pensons que le Consis- » toire voudra rechercher par qui, et punir les coupa- » bles. »

Ce qui était impossible, le Consistoire étant une insti- tution purement religieuse comme les Conseils de fabri-

lettre fut signée par les Membres du Consistoire, un conseiller municipal présent à la rédaction nous a assuré que M. Guillemin l'avait fait modifier.

Le dernier paragraphe était ainsi conçu :

Par affection autant que par reconnaissance *pour le gouvernement répu-blicain qui nous a faits citoyens français*, nous affirmons solennellement notre dévouement filial à la France et à la République.

Les mots soulignés ont été retranchés par M. Guillemin.

Ainsi qu'on l'a vu dans l'une des proclamations M. Guillemin est de ceux qui espèrent que le décret de naturalisation sera rapporté.

que catholiques, sans attributions de police ou judiciaires.

L'*Union africaine* allait plus loin encore : « Pour faciliter aux autorités et à la Presse, la tâche d'apaisement, elle demandait la rétractation par des personnes autorisées et la promesse par les Israélites de se montrer dorénavant plus humbles, de *poser* un peu moins. »

Tout en recommandant le calme, et lorsqu'en effet le calme commençait à revenir, le *Radical algérien* « con-
» viait les citoyens à se réunir, à se concerter, à instituer
» une commission d'initiative, à organiser des comités de
» quartier, à nommer des délégués qui, à tour de rôle,
» auront pour mission de parcourir les groupes et d'en-
» gager les citoyens à éviter des attroupements inutiles, à
» éloigner les enfants, les Arabes, etc. »

Afin de mieux assurer la tranquillité publique, le *Radical algérien*, publiait le 4 juillet, trois jours après la déclaration du Consistoire, l'appel suivant :

AUX ALGÉRIENS

« C'est un patriote qui s'adresse à vous, il n'est pas journaliste, et n'aspire pas à le devenir, mais il est orgueilleux de ses droits et pénétré de ses devoirs.

» Il n'hésite pas à vous soumettre aujourd'hui ses plus intimes pensées aussi bien que sa juste indignation.

» Les faits regrettables qui se sont produits ces jours-ci et qui peuvent se répéter demain, doivent avoir un terme, la population honnête d'Alger le réclame.

» Riches enfants d'Israël, vous êtes devenus grands et puissants depuis votre admission dans la noble et généreuse famille française.

» Juifs d'Algérie, vous n'êtes pas comme les Israélites

de France, vous ne vous mêlez pas à nous, vous tenez à rester à l'écart ; soit, restez-y.

» Après cinquante-quatre ans de contact avec nous, nous sommes en droit de vous dire que vous n'avez rien fait pour l'éducation morale et politique de vos enfants.

» Cette jeune génération, que nous avions cru acquise à nos idées, à nos sentiments, affecte de nous traiter avec mépris, de nous regarder de haut. Elle a l'argent.

» Il nous faut une réparation.

» Nous ne demandons pas de bassesses ; mais après les propos tenus et qui ne sont que la répétition de ceux mille et mille fois exprimés, il faut que les coupables de la réunion de la Mairie soient connus et déclarés indignes d'entrer sous nos drapeaux !

» UN ALGÉRIEN. »

Singulier moyen, on en conviendra, pour amener le calme dans les esprits.

Le calme se faisait pourtant, et le *Radical algérien* s'en attribuant le mérite, pouvait dire :

« L'appel du *Radical* au calme et à la fermeté digne » et résolue a été entendu. Nous en sommes heureux et » fiers.

» La tranquillité la plus parfaite n'a cessé de régner » partout, en raison de l'éloignement du tapage militaire » des jours précédents. »

Mais comme s'il eut craint d'avoir trop raison, il ajoutait :

« Si l'organisation que nous proposions reste inutile » aujourd'hui, préparons-la pour l'avenir.

» En présence des tristes personnages qui occupent en

» Algérie, les.hautes fonctions gouvernementales, il est
» bon d'avoir l'oreille au guet et l'œil à l'horizon, et d'être
» prêt à toute éventualité. »

N'est-il pas vrai que la prétendue insulte aux Français
n'était qu'un prétexte?

Et cependant, à l'heure qu'il est, ce prétexte, si falla-
cieux qu'il soit, est encore invoqué ; et tout récemment
nous avons vu que le *Radical algérien*, pour justifier les
insultes adressées aux Français d'Algérie par un journal
parisien, ne craignait pas de rappeler le souvenir néfaste
de l'émeute de juin 1884, et reproduisait cette inepte calomnie que « *les juifs étaient des insulteurs de la France*
» *et de l'Algérie, nous traitant toujours de sales Fran-*
» *çais, après avoir osé dire qu'en 1870, les Français ont*
» *été des lâches* (1). » (B.)

_____

(1) *Radical Algérien*, 23 avril 1885.

LA RÉPRESSION

Les commerçants lésés ne voulurent pas être indemnisés, espérant que la justice de leur pays leur donnerait la satisfaction morale à laquelle ils avaient droit, la poursuite des pillards ; espérant que le gouvernement français et les représentants du pays leur donneraient un témoignage d'estime en réprouvant hautement les perturbateurs.

Cette double satisfaction, ils l'attendent encore.

Quelques poursuites en simple police ont été exercées qui ont abouti à des condamnations dérisoires de simple police.

On a bien dit que les pillards, que les briseurs de devantures, que ceux qui avaient forcé les portes des magasins, y avaient pénétré violemment, les avaient dévastés et pillés, seraient traduits en cour d'assises ; — mais jusqu'à ce jour, il n'y a pas eu apparence d'une instruction judiciaire, aucune déposition n'a été reçue et il ne semble pas qu'on ait recherché les coupables.

A qui fera-t-on croire que pendant cinq jours qu'ont duré les troubles, on a pu en plein midi, enfoncer les portes, briser les devantures, dévaster les magasins, frapper des citoyens inoffensifs, sans qu'il ait été possible à la police de découvrir un seul coupable ?

N'a-t-on pu savoir quel était cet employé de préfecture qui se rua avec ses amis, le vendredi soir, sur un israélite, « M. Léon Timsit, et qui après l'avoir à moitié assommé « était porté en triomphe, et s'écriait : Il est mort, celui-« là. J'ai tué un juif ! »

Et cet individu qui fut arrêté au moment où il venait

d'asséner un violent coup de poing à un vieillard qui fut renversé et grièvement blessé, qu'est-il devenu ?

Et tant d'autres qui furent arrêtés porteurs de *laisser passer* délivrés par les chefs de l'émeute ?

Les meneurs avaient été habiles, ils avaient pris les devants.

Dès les premiers jours, ils avaient eu le soin de télégraphier au sénateur Lelièvre la dépêche suivante :

« Troubles exagérés ; pouvez hardiment démentir. Rien de sérieux ; police municipale absolument suffisante. Opposez-vous énergiquement à toutes mesures extrêmes ; ce serait ridicule et nuisible au pays. »

Et le sénateur Lelièvre autrefois grand ami des Juifs, trompé d'ailleurs par le télégramme du *Radical*, répondait aussitôt :

« Vu Ministre intérieur, il n'y aura pas de MESURES RÉPRESSIVES. — Signé : LELIÈVRE. »

Ils avaient également avisé les députés dans les termes suivants :

« La troupe a chargé sans sommation, la foule désarmée ; le sang a coulé ; l'autorité municipale a été méconnue, la loi a été violée. »

Voici la réponse de M. Letellier :

« J'ai vu plusieurs fois le Ministre de l'intérieur, relativement aux troubles d'Alger. J'affirme que personne ne nous avait informé que la troupe aurait chargé sur la foule sans sommation ; que le sang avait coulé, etc.

» Si les faits sont exacts, la représentation fera son devoir.

» Salutations, » LETELLIER, député. »

Si les Israélites n'ont pas eu à se louer ni de la magistrature algérienne, ni de la municipalité, ils ont reçu une satisfaction bien plus précieuse, celle que leur a donnée la Presse française tout entière sans distinction d'opinion.

Disons tout de suite que la presse républicaine et radicale s'est empressée de désavouer les excès provoqués par un journal qui n'a de radical que le nom et accomplis par des mal intentionnés que le parti républicain radical algérien s'honore de ne point compter dans ses rangs (C).

APPRÉCIATION DES JOURNAUX DE FRANCE

SUR L'ÉMEUTE ANTI-SÉMITIQUE

Les meneurs de l'émeute n'étaient pas sans inquiétude sur les appréciations prochaines de la presse française, ils comprenaient bien que, si ces appréciations n'étaient pas favorables au mouvement, leur crédit s'en trouverait atteint auprès des radicaux algériens qui obéissent aveuglément au mot d'ordre du chef. Ces derniers ne tardèrent pas à s'apercevoir que le sac des magasins, les rugissements, les batailles livrées trois cents contre un, ne sont pas du goût de la France civilisée. Le *Radical algérien* eut beau enfler la voix, écrire en gros caractères que la France avait été insultée par ceux-là mêmes qu'elle avait voulu élever jusqu'à elle ; on n'y voulut pas croire en France, et les journaux de toutes nuances, intransigeants, radicaux, opportunistes, modérés et monarchistes même, furent unanimes pour flétrir les radicaux d'Alger, disciples de M. Basset, qui se figuraient avoir vengé l'honneur de la France, en combattant bravement des individus isolés qui n'avaient proféré aucun cri outrageant, aucune parole injurieuse.

Il devait être très désagréable aux Français qui habitent Alger de lire dans les journaux de Paris des appréciation dans le genre de celle-ci :

« *Nous avions pris* l'anti-sémitisme, disait le *National,* pour une maladie qui ne sévit que sur les peuples à demi-barbares.

» Nous étions-nous trompés ?

» Nos concitoyens d'Afrique nous obligeraient-ils à rougir d'eux ? »

Le *Rappel* n'était guère plus tendre :

« Nous n'avions pas eu encore, disait-il, nos émeutes anti-sémites. Alger n'a pas voulu demeurer en reste sur Nijni-Novogorod et Tissa-Eszlar ; il s'est offert l'autre jour, dans les environs de la rue de la Lyre, un petit divertissement du moyen-âge où malheureusement plus d'un judi ben judi a joué son rôle au naturel. Qui eut dit que les déclamations du pasteur impérial Stœcher dussent avoir un écho en Algérie ? »

Et la *Patrie :*

« N'est-ce pas une honte sans pareille et ne doit-on pas rougir de semblables attentats que rien ne justifie ? Car il y a cela de scandaleux qu'il ne s'agit pas de fanatisme religieux, mais en réalité d'une haine qui prend sa source dans les plus viles passions : l'Envie ! »

Nos malheureux anti-sémites radicaux, firent un appel désespéré à leurs confrères d'Oran. Cet appel ne fut pas entendu. Tout au contraire et à l'exception du journal de M. Zimmermann, la Presse d'Oran joignit sa réprobation à celle de la grande presse parisienne.

Ils essayèrent alors d'un moyen qui ne manquait pas d'habileté. Ils envoyèrent des articles approbateurs de l'émeute à quelques journaux de Paris, dans les bureaux desquels ils avaient des amis et ils réussirent à en faire insérer un dans la *République radicale* pendant une courte absence de son rédacteur en chef, l'honorable M. Laisant.

Cet article contenait une diffamation complète du rédacteur en chef de l'*Akhbar* et un éloge pompeux du *Radical algérien* : « Le seul franchement et résolument » radical, c'est-à-dire combattant le parti opportuniste ; le » seul qui n'a pas crainte d'arborer le drapeau que les jour- » naux d'extrême-gauche arborent en France, est en but à » toutes les vexations imaginables. »

Quelques jours s'écoulèrent pendant lesquels le *Radical algérien*, put s'abriter derrière l'autorité de l'honorable M. Laisant et entretenir chez ses amis la conviction qu'ils avaient fait leur devoir. Mais, hélas ! la déveine commen-çait et à peine de retour, M. Laisant publiait sur les trou-bles anti-sémitiques d'Alger, l'article suivant :

LES TROUBLES D'ALGER

« Nous avons dit quelques mots, comme tous nos con-frères, des scènes odieuses dont Alger a été récemment le théâtre. Avant d'apprécier les faits, il nous semblait cependant nécessaire d'avoir quelques détails précis. Nous en recevons aujourd'hui d'une source absolument sûre. Il est bon que le public les connaisse.

» L'origine de l'affaire remonte à la fin de juin, comme on le sait. Les jeunes gens de la classe 1888 s'étant réunis à l'Hôtel de Ville, à l'effet d'organiser un punch, comme cela se fait chaque année, quelques-uns d'entre eux pro-posèrent l'exclusion des israélites. Protestation de ces derniers, querelles et rixes.

» Chassés de l'Hôtel de Ville, les combattants recom-mencent sur le boulevard à en venir aux mains, et ce désordre continue toute la soirée. Le lendemain on croyait tout fini :

« C'était une erreur, nous écrit notre correspondant ; » car voilà des bandes nombreuses qui parcourent les rues

» d'Alger en criant : A bas les juifs ! Mort aux juifs ! et
» frappent les Israélites qu'elles rencontrent. Plusieurs
» sont morts des suites de leurs blessures Des magasins
» ont été défoncés et pillés. L'un de mes voisins a son
» magasin fermé depuis huit jours, et n'ose pas même
» sortir dans la rue.

» Les membres du Consistoire israélite ont fait des
» démarches auprès du maire, du préfet et du gouverneur.
» Ces démarches sont sans résultat jusqu'à ce jour (4
» juillet).

» Les autorités n'ont pas l'énergie suffisante pour réta-
» blir l'ordre. Et partout, jour et nuit, on entend retentir
» ces cris sinistres : A bas les juifs ! Mort aux juifs ! »

« Ce qui vient de se passer à Alger, ce qui s'y passera
peut-être encore demain est abominable. De telles scènes
sont indignes d'un pays civilisé, déshonorantes pour les
autorités qui ne savent pas y mettre un terme, déshonorantes pour la France elle-même, au nom de laquelle on se
livre à ces actes de barbarie.

» L'exposé des faits dans toute leur vérité, suffira, dès
qu'ils seront suffisamment connus, à soulever l'unanime
réprobation du public français.

» Si nous en sommes à recommencer les Saint-Barthélemy ou les Vêpres siciliennes, si nous ne savons pas nous
dégager de ces ignobles haines de religions ou de races, si
les Français peuvent impunément menacer et frapper des
gens inoffensifs, en pleine rue, nous descendons à l'état
sauvage, et nous pouvons marcher de pair avec les Canaques de la Nouvelle-Calédonie.

» Quant aux victimes de ces agressions abominables,
quant aux Israélites d'Alger, ils ont, ce nous semble, une
attitude bien nette à prendre, au cas où les attentats qui
se sont produits contre eux viendraient à se produire
encore. Qu'ils s'organisent, qu'ils s'arment, et qu'ils se

défendent eux-mêmes, puisqu'on ne les défend pas. Se laisser battre comme plâtre ou égorger comme des poulets, n'est pas un moyen efficace. Si les lâches qui les attaquent, y risquent leur vie, ils y regarderont peut-être à deux fois.

» Nous voyons avec peine certains de nos confrères algériens, au lendemain même de ces violences, traiter ce qu'ils appellent : « La question juive », et s'efforcer de donner une couleur politique à de telles ignominies.

» Il s'agit bien, en vérité, de savoir si Crémieux a eu tort ou raison d'accorder aux juifs la naturalisation ! Il s'agit bien de savoir s'ils valent plus ou moins que leurs coreligionnaires de France, plus ou moins que les catholiques d'Algérie !

» En admettant que l'introduction de l'élément juif dans le corps électoral ait eu des inconvénients, ce n'est pas en persécutant les juifs qu'on améliorera l'état des choses. Quant à les chasser du corps électoral, à présent qu'ils y sont c'est une niaiserie d'y songer seulement. Les lois du 31 mai ne sont bonnes dans aucun milieu.

» C'est par l'éducation graduelle, par les progrès de la civilisation, par la mise en pratique des idées républicaines qu'on perfectionnera le suffrage universel, aussi bien en Algérie qu'en France.

» Les mesures d'exclusion ou de proscription ne serviraient de rien, encore moins les attentats contre les personnes.

» Nous engageons donc ceux qui traitent avec tant de sollicitude de la « question juive » à prodiguer surtout et d'abord leurs bons avis aux catholiques ou aux protestants qui se conduisent comme viennent de se conduire les lâches agresseurs d'Alger.

» A. LAISANT. »

Ce fut un coup de foudre. Après avoir été traités de « demi barbares, dont on rougit » par le *National* et avoir vu à cause d'eux, Alger comparé par le *Rappel* à Nidji-Nowgorod, être qualifiés de *Canaques* et recevoir l'épithète de lâches et abominables agresseurs par les chefs du parti intransigeant, c'était dûr ; et il y avait là de quoi décourager les amis les plus dévoués ; aussi la rédaction du *Radical* s'empressa de réagir en rédigeant la protestation suivante, qui devait être envoyée à M. Laisant, couverte de plusieurs milliers de signatures.

« Voici, disait le *Radical,* sur l'article de M. Laisant qu'on vient de lire, une protestation d'un groupe d'électeurs d'Alger, qui nous prient de la laisser dans nos bureaux, où tous les Français qui approuvent la campagne d'indignation que nous avons entreprise, pourront venir donner leur adhésion en apposant leurs signatures :

« Alger, le 21 juillet 1884.

» Monsieur le Rédacteur en chef,
» La *Vigie* d'hier publie avec une satisfaction qu'elle
» ne cache point, du reste, un article du citoyen Laisant,
» sur les troubles d'Alger, publié dans la *République radi-*
» *cale* de Paris, du 18 juillet.
» Aux premières lignes de cet article, il est facile de
» s'apercevoir que le député de Nantes s'est laissé circon-
» venir.
» Comment ! nous avons eu beau crier de toutes les
» forces de nos consciences que ce n'était point au nom
» d'un dogme religieux ou même d'un principe politique
» que les dernières manifestations s'étaient faites ; qu'il
» ne fallait absolument y voir que l'expression d'une juste
» indignation des sentiments patriotiques de tous les bons

» Français, froissés, irrités des propos injurieux de toutes
» sortes, lancés, en toute occasion, contre la France, par
» ces Français *malgré eux.*

» Et malgré tout, et alors que tout semblait terminé
» depuis longtemps, M. Laisant vient affirmer tout le
» contraire.

» Il serait peut-être intéressant et surtout peu difficile
» de rechercher d'où est parti le mot d'ordre et de qui
» émanent ces correspondances, beaucoup plus juives que
» particulières, qui s'étalent cyniquement dans les colon-
» nes de certains journaux parisiens.

» Et même sans aller chercher bien loin peut-être,
» pourrait-on, dans les bureaux de la *Vigie,* le journal des
» journaux, trouver de semblables correspondances.

» A bon entendeur, salut.

» Sans entrer dans le fond du débat sur la question
» juive, nous nous contentons aujourd'hui de protester
» énergiquement, contre l'article de M. Laisant.

» La bonne foi du député républicain et indépendant a
» été surprise, cela ne fait aucun doute, sans quoi, il n'au-
» rait parlé ni de Saint-Barthélemy, ni de Vêpres Sici-
» liennes.

» Nous lui affirmons bien haut que la population fran-
» çaise algérienne est libérale, généreuse, patriotique et
» par dessus tout, affranchie de toute croyance reli-
» gieuse.

» Ces Français libres-penseurs avant tout, ont à lutter
» de toutes leurs forces contre ces deux éléments qui se
» valent au fond, le cléricalisme de sacristie et de syna-
» gogue.

» Les embrigadés de l'une et l'autre secte sont aussi
» redoutables pour le progrès de la Colonie.

» Comment ! les Français qui prennent leur mot d'or-
» dre au Vatican, sont combattus par tous les libéraux de

» France ; et les radicaux, les Français plutôt d'Algérie,
» seraient honnis, conspués, par la grande presse indé-
» pendante, pour avoir voulu protester avec indignation
» contre des Français de contrebande qui affichent à tout
» venant leur mépris pour la France. Allons donc ! Si le
» citoyen Laisant eût habité six mois seulement en Algé-
» rie, au lieu d'écrire cet article, basé sur des correspon-
» dances de mauvaise foi, il se fut indigné avec nous tous,
» et eût été des premiers à protester et à réclamer la
» révision de cet acte de naturalisation en masse d'Israé-
» lites, qui, pour la presque totalité, n'a, à notre contact,
» rien acquis, ni le sentiment, ni le patriotisme, ni la
» dignité de ceux qui sont sincèrement Français.

> « *Suivent dix signatures.* »

On fit le plus de bruit que l'on put autour de cette protestation.

Le lendemain de sa publication, le *Radical algérien*
annonçait que 60 personnes l'avaient signée :

« Dans l'après-midi d'hier, nous avons reçu plus de
soixante personnes venues pour signer la lettre qu'on
nous avait envoyée et que nous avions insérée comme
protestation à l'article de M. Laisant « sur la *lâche* agression des Algériens contre les Juifs. »

Le numéro suivant annonçait plus de trois cents
signataires français :

LA PROTESTATION

« La protestation contre l'article de M. Laisant, député
de Nantes, que nous avons insérée dans notre numéro du
du 28 juillet et qui est déposée dans nos bureaux a déjà

été approuvée par plus de trois cents signataires français. »

Enfin, on en accusa quatre cents.

LA PROTESTATION

« La protestation contre l'article de M. Laisant, député
de Nantes, que nous avons insérée dans notre numéro du
28 juillet et qui est déposée dans nos bureaux a été déjà
approuvée par près de quatre cents signataires français. »

Et ce fut tout.

Il n'en fut plus question. On n'a jamais publié les noms
des signataires de la protestation qui, probablement, n'a
jamais été envoyée à l'honorable député de Nantes.

Les agressions contre les juifs sont restées ABOMINABLES
à ses yeux, et les agresseurs n'ont pas cessé de lui paraître
lâches.

Il y a un an de cela, et nous connaissons pas mal de
radicaux parmi les lecteurs du *Radical algérien* qui n'ont
pas encore compris (D).

LE COMITÉ DES QUINZE !

Nous avons déjà dit un mot du Comité des Quinze. Il nous faut y revenir.

Voici comment il fut créé :

Quand les troubles furent apaisés les meneurs de la manifestation voulurent tout au moins maintenir l'agitation ; n'ayant plus d'amateurs pour les suivre dans la rue, ils résolurent de les attirer dans des réunions publiques, où l'on continuerait à entretenir la haine du juif, jusqu'au moment des élections générales ; c'est dans ce but qu'ils insérèrent dans le *Radical algérien*, l'appel suivant fait aux Algériens :

« Citoyens,

» Depuis plusieurs jours, des désordres regrettables se produisent dans la ville d'Alger, et cela stérilement,

» Exhortons-nous mutuellement au calme et à l'apaissement.

» Mais le cri de juste revendication s'est fait entendre. Unissons-nous dans l'unique but d'obtenir l'abrogation du décret de 1870, naturalisant en masse les Israélites.

» Le suffrage universel est avili, en Algérie, par les arriérés d'une caste qui, depuis que le titre de citoyen français leur a été départi, n'ont servi que d'instruments à des personnalités intrigantes et ambitieuses.

» Plus de « Français par force », comme ils l'avouent eux-mêmes.

» Mais tendons les bras à ceux qui, véritablement

Français de cœur, demanderont immédiatement la faveur de la naturalisation.

» Que l'Algérie entière pétitionne en ce sens et le triomphe de cette idée libérale est assuré.

» Vive la France ! Vive la République !

» UN GROUPE DE CITOYENS FRANÇAIS.

» Alger, le 5 juillet 1885. »

Cette exhortation au calme et à l'apaisement, était adressée aux Algériens le 5 juillet, c'est-à-dire quand le calme était revenu et qu'il n'y avait plus trace d'émeute ; et pour obtenir l'apaisement, ce groupe anonyme de citoyens français, essayaient de faire un pétitionnement demandant que le titre de citoyen, fut retiré à 35 mille Français, professant le culte israélite.

C'est cette absurdité et en même temps, cette iniquité qu'ils appelaient une « juste revendication et une *idée* » *libérale.* »

Le lendemain douze anti-sémites se réunirent au *Café d'Europe*, entre 9 et 10 heures du soir, pour organiser un Comité provisoire de la Ligue des Français en Algérie.

Le procès-verbal rédigé à cet effet, disait que la formation de ce comité était un acte de protestation contre les Juifs qui, par leurs *outrages à la France* avaient soulevé la *légitime* indignation des Français d'Alger.

Après avoir discuté pendant quelques heures, nos douze ligueurs anti-sémites décidèrent qu'une réunion publique aurait lieu, dans laquelle le programme du Comité serait soumis à l'approbation des *Français* — non Israélites — assistant à la dite réunion.

Cette réunion eut lieu le 6 juillet, un dimanche, au Cirque.

Comme bien l'on pense, elle fut nombreuse.

Les émeutiers des jours précédents, s'intitulant : « Manifestants » s'y trouvaient, précédés des meneurs et suivis par un grand nombre de curieux.

Un membre du Comité des douze, M. Petit, son secrétaire, prit la parole et fit connaître à l'assemblée que le but de la Ligue qui allait se former, était de demander l'abrogation du décret ayant fait entrer les Juifs dans la grande famille française et poursuivre la réalisation de cette patriotique espérance, en ouvrant dans toute l'Algérie des cahiers qui devaient être couverts rapidement de signatures.

Le rapport du commissaire de la commission d'initiative était terminé par un appel — qualifié d'éloquent et d'énergique par le procès-verbal de la séance — fait aux *Européens* soucieux de venger les injures adressées par les juifs à nos nationaux.

Il paraît que de chaleureux applaudissements accueillirent ce rapport et qu'un cri général de : A bas les juifs ! se fit entendre.

M. Presseq-Rolland qui venait d'être proclamé président de la réunion, proposa la formation d'un comité chargé d'élaborer les bases de la Ligue, ce qui fut adopté sans opposition et immédiatement mis à exécution.

Pendant le vote, un incident se produisit, dont le procès-verbal de la séance rend compte en ces termes :

« On lance le nom de M. Legrand ; de nombreux bravos se font entendre ; ils sont adressés, non pas à M. Legrand, que sa position empêche d'accepter de faire partie du comité, et dont la candidature est retirée, mais à l'adversaire du sieur Allaman, dit Allan, rédacteur de la *Vigie algérienne.* »

Mais ce que le procès-verbal ne dit pas, c'est que M.

Legrand n'est autre que le rédacteur en chef de l'*Union africaine*, journal clérical et anti-républicain d'Alger.

Le comité fut donc constitué, il se composait de quinze membres dont les noms suivent. Ce sont:

> MM. Presseq-Rolland ;
> Marchal (Charles) ;
> Querel ;
> Lalut ;
> Clément ;
> Mazas ;
> Julien ;
> Basset ;
> Vial ;
> Petit ;
> Rouch ;
> Boudin ;
> Lafitte ;
> Thévenet ;
> Pierre.

En même temps la réunion confia la présidence d'honneur du Comité au citoyen Basset, directeur politique du *Radical algérien* ; on nomma président M. Presseq-Rolland, vice-président, M. Marchal, et secrétaire, M. Petit, le secrétaire du Comité des douze. — On lui devait bien cet honneur, pour son rapport « aussi éloquent qu'énergique ».

On fondait de grandes espérances sur les conséquences de cette réunion qui s'était séparée au cri si courageux de : A bas les juifs !

« Il appartient désormais au Comité nommé en réunion » publique, — avait dit le citoyen Marchal, — de travail-

» ler et de soumettre aux citoyens présents, le rapport
» de la Commission, ce qui aura lieu dans une prochaine
» réunion. »

Le lendemain, le directeur politique du *Radical algérien*, président d'honneur du Comité, était plus expressif
encore :

« Nos lecteurs comprendront que nous ne donnions
aujourd'hui, aucune appréciation de la séance ; nous nous
sommes borné à en donner un compte-rendu sommaire et
fidèle ; mais le jour venu, ils savent qu'ils peuvent compter
sur nous et que nous saurons soutenir l'honneur de notre
patrie contre ces parias de toutes les sociétés, qu'on
appelle juifs, avec autant de fermeté que nous défendrons
la République contre ceux qui ne demanderaient pas
mieux de l'étrangler.

» Nous sommes sur la brèche et nous y resterons avec
le concours de nos amis. »

C'était peut-être s'exposer au ridicule que de dire qu'on
« était sur la brèche pour soutenir l'honneur de la Patrie », alors que les manifestants, venaient tout simplement de dévaster des boutiques et assommer des
citoyens français appartenant à un autre culte ; c'était
aussi singulièrement se contredire que de traiter de *parias
de toutes les sociétés* les Français de race juive, après les
avoir jadis défendus avec un réel talent. Mais au *Radical
algérien* on n'y regarde pas de si près.

Que s'est-il passé depuis ? Qu'est devenu le fameux
Comité des quinze ? — Le Comité s'est-il réuni quelquefois ? — nous n'en savons rien. Qu'a-t-il fait ? nous l'ignorons.

Le *Radical algérien* et le *Petit Colon*, ont bien publié

quelques articles sur le projet de pétition, mais ils n'ont jamais, à notre connaissance, publié la pétition préparée par le Comité, pétition « qui, disait le *Radical algérien,* » devait parvenir à la Chambre, appuyée par cinquante » ou soixante mille signatures de Français ou d'*étrangers,* » fixés en Algérie et en train de faire souche de bons *Algé-* » *riens.* »

La réunion publique qui devait être prochaine et à laquelle on devait soumettre le rapport de la commission des quinze n'a pas eu lieu, la pétition n'a pas été envoyée à la Chambre des députés. Il y a à peu près un an cependant que le comité de la Ligue anti-sémitique a été formé ; il ne donne plus signe de vie.

Les encouragements ne lui ont cependant pas manqué :

« La Ligue française d'Algérie, a fait son petit trou à » Paris » — écrivait le correspondant particulier du *Petit Colon.*

Je suis en mesure de vous affirmer : « que si l'Algérie a » un député qui pose la question à la tribune de la Cham- » bre, il ne sera pas si isolé qu'on veut bien le dire ; allez » de l'avant et surtout tâchez de rallier à la Ligue, les » colons de l'intérieur. »

On essaya sans doute de suivre le Conseil.

La Ligue d'Alger crut ou feignit de croire que derrière elle, marchaient les trois départements algériens. Elle fut bientôt désabusée, et M. Basset et ses amis ne trouvèrent pas plus de signataires pour demander l'abrogation du décret contre les juifs, qu'ils n'en avaient trouvé pour protester contre l'épithète de lâches, appliquée aux ma- nifestants anti-sémites, par M. Laisant, l'éminent député de l'extrême-gauche, rédacteur en chef de la *République radicale.*

La Ligue ayant cessé d'exister, il ne resta plus rien de cet odieux mouvement anti-sémitique, que son souvenir et la triste célébrité qu'il a donnée à quelques meneurs du parti soi-disant radical d'Alger.

Hâtons-nous de dire que le vrai radicalisme républicain, n'a rien à démêler avec nos radicaux anti-sémites, vu que la France civilisée n'a pas rendu les habitants d'Alger responsables des actes coupables d'une infime minorité de quelques individus n'ayant pour eux, ni le nombre, ni le talent, ni la notoriété, ni même la bonne renommée (D).

LE DÉCRET CRÉMIEUX

COURTE EXPLICATION

Les anti-sémites de l'Algérie, sans tenir compte des faits accomplis, de la situation acquise, espèrent ou feignent d'espérer — car les plus intelligents d'entr'eux ne se font aucune illusion à cet égard, — que le décret-loi du 24 octobre 1870, pourra être abrogé par une loi que consentirait à voter le Parlement républicain.

C'est malgré eux, disent-ils, que les juifs de l'Algérie ont été faits citoyens français ; ce décret en outre, a extraordinairement froissé la fierté des indigènes musulmans ; il fut la cause de l'insurrection de Sidi-el-Mokrani.

Le décret était illégal, le gouvernement de la Défense nationale ne pouvait, par un simple décret, naturaliser en bloc plus de 80,000 juifs.

Enfin la mesure était prématurée, les juifs indigènes, n'étaient pas en 1870, et ne sont pas encore aujourd'hui à la hauteur du titre de citoyen français.

Il est à remarquer que les arguments invoqués aujourd'hui par une fraction du parti radical d'Alger, sont les mêmes qui furent invoqués en 1871 par les réactionnaires qui, à cette époque, protestaient aussi contre la naturalisation collective parce que, dans ce temps là, ils avaient cru s'apercevoir que les nouveaux Français ne votaient pas pour leurs candidats.

Ces motifs sont si puérils que c'est bien perdre son temps que de les discuter, car il n'y a assurément pas à craindre qu'ils soient jamais produits à la tribune du Parlement français.

Toutefois, comme il y a encore quelques radicaux et cléricaux qui ont conservé cet espoir de réduire à la situation de parias, les trente-cinq mille Français de race juive, et que parmi ces derniers il en est qui ne sont pas sans inquiétude, il est bon de démontrer, une fois pour toutes, que les craintes des uns et les espérances des autres, sont sans fondement aucun ; que les juifs, heureux d'être Français, sont dignes de l'être, et que dans leur intérêt et celui de la France ils doivent rester et resteront Français.

FRANÇAIS MALGRÉ EUX

C'est encore là une des objections faites contre la naturalisation. C'est malgré eux, disent les journaux anti-sémites, même ceux qui demandent la naturalisation en masse
des 2,500,000 musulmans, c'est malgré eux que 35,000
Israélites algériens, ont été déclarés citoyens français.

La preuve en est dans le peu de goût, qu'avant 1870, ils
avaient montré pour la naturalisation individuelle. En
effet, et bien que depuis le sénatus-consulte de 1865,
ils fussent Français et pussent être admis à jouir des droits
de citoyen, à la seule condition de renoncer à leur statut
personnel, on n'en comptait que 200 au 24 octobre 1870
ayant usé de cette faculté.

On pourrait répondre que si ce chiffre n'est pas élevé,
il est en tous cas relativement beaucoup plus considérable que celui des indigènes musulmans, lesquels sur plus
de 2,500,000, n'ont fourni depuis 20 ans que 971 naturali-
sations individuelles. Mais il n'est pas nécessaire de procéder par comparaison.

Les Israélites algériens n'ayant aucun lien de nationalité entr'eux comme les Arabes, aucune garantie écrite,
jugés tantôt par des juges français, quand ils plaidaient
contre un Français, tantôt par des cadis, quand ils plaidaient avec un musulman, ne sachant jamais au juste la
législation qui leur serait appliquée, soit pour les mariages, soit pour les droits successoraux ou la transmission
des biens ; les Israélites, disons-nous, devaient désirer une
naturalisation qui, en leur enlevant tous les doutes les
élevait à la dignité de citoyen, et en les rendant les égaux

de leurs coreligionnaires de France, les faisait participer à l'exercice de la souveraineté.

Ils ne demandaient pas la naturalisation individuelle, il est vrai, et cela se conçoit.

La naturalisation individuelle jetait le trouble dans les intérêts des familles ; un Israélite qui avait des frères, des sœurs et des enfants ne voulait pas se soumettre seul à nos lois qui changent, tandis que les autres membres de sa famille resteraient soumis aux lois immuables de Moïse ; la naturalisation en masse, au contraire, plaçait tous les intérêts sous la sauvegarde de la même loi.

Aussi tous les Israélites demandaient la naturalisation collective avec insistance, par pétitionnement et par l'organe de leurs consistoires.

Dans une pétition adressée au Sénat, sous l'Empire, le consistoire d'Alger disait :

« Forts des principes que la France a consacrés nous venons vous solliciter d'achever l'œuvre commencée, de proclamer notre assimilation définitive avec nos frères de la Mère-Patrie, de nous élever en un mot à la dignité de citoyens, objet de nos vœux les plus ardents, de nos plus chères espérances et de nos aspirations les plus vives. »

Le consistoire de Constantine à la même époque s'exprimait ainsi :

« En Algérie, les Israélites ont obtenu la liberté et la protection, mais ils ne jouissent pas encore du titre de citoyen français auquel ils aspirent. »

Celui d'Oran s'adressant à l'Empereur disait :

« Cinquante mille de nos coreligionnaires protégés par le drapeau glorieux de la France, sans patrie depuis bien des siècles, sont encore aujourd'hui sans patrie.

» Ils osent vous la demander.

» Sire, tous leurs efforts comme ceux de leurs frères, tendent à s'en rendre dignes. »

Enfin, en 1865, la pétition suivante, couverte de plusieurs milliers de signatures, était remise à Napoléon III, pendant son séjour à Alger :

« A Sa Majesté, Napoléon III, Empereur des Français,

» Sire,

» Les soussignés, Israélites indigènes de l'Algérie, supplient V. M. de les déclarer Français.

» Inspiré avant tout par nos sentiments de reconnaissance et d'amour pour la France qui nous a délivrés d'une tyrannie oppressive et barbare au-delà de toute expression ; dicté aussi par le changement que la conquête a apporté dans notre état intellectuel comme dans nos mœurs, ce vœu rencontre de vives sympathies parmi l'élite des Français fixés en Algérie. Des corps judiciaires (les tribunaux d'Oran et de Constantine) nous avaient reconnu la qualité de Français, et quand la juridiction d'appel a eu déclaré que la législation coloniale faisait de nous une classe à part, on a vu que les Conseils généraux, les feuilles les plus accréditées de la presse coloniale et d'éminents publicistes de la Métropole, ont proposé notre naturalisation en masse.

» Au mérite d'être libérale et généreuse, cette mesure joignait à leurs yeux, l'avantage de faire avancer d'un pas la fusion des races diverses répandues sur le sol algérien, et de placer sous l'autorité absolue de la loi civile française une population qu'on ne saurait laisser sous des lois civiles à elle propres, sans qu'il en résulte de véritables dangers pour les Français qui sont en rapports journaliers d'intérêt avec elle.

» Parmi nos généreux défenseurs, il s'en est rencontré qui, s'inspirant surtout des sentiments de V. M. pour le libre arbitre des nations, se sont demandé s'il n'était pas

équitable de nous permettre d'exprimer le désir d'embras-
ser la loi civile française. A cet égard, nous déclarons
solennellement, Sire, accepter dans leur entier, les décisions du grand Sanhédrin réuni par Napoléon Ier, de glo-
rieuse mémoire.

» V. M. voudra savoir si les Israélites de l'Algérie sont
aptes à entrer dans la grande famille française et si, comme leurs coreligionnaires de France, ils sauraient justifier cet honneur insigne. Les magistrats savent dans
quelle proportion nous occupons la justice répressive ; les
fonctionnaires de l'enseignement public, si nous sommes
avides d'instruction pour nos enfants ; les chefs de l'administration civile diront si nous sommes des hommes d'ordre, industrieux, utiles au commerce et associés de cœur
à la prospérité de l'Algérie.

» Nous nous en remettons à leur témoignage.

» Une dernière considération, Sire, et qui vous touchera,
c'est notre humiliation, notre douleur d'être une chose
sans nom dans la division des habitants du globe, d'être
étrangers dans les lieux qui nous ont vu naître, et de
n'avoir pas de patrie, tout en comprenant ce qu'est une
patrie. Et comment ne comprendrions-nous pas le sens
magique de ce mot, lorsque nous vivons à l'ombre du drapeau français et que ce drapeau est porté par un Napoléon. »

Cette pétition éloquente fut tirée par centaines d'exemplaires qui furent couverts des signatures de tous les
Israélites majeurs des trois provinces de l'Algérie. Elle fut
remise à M. de Chasseloup-Laubat, ministre de l'Algérie, en
ses propres mains, lors du premier voyage à Alger de
l'Empereur en 1860.

Or, jamais une note discordante ne s'est fait entendre

contre la naturalisation, ni avant, ni après le décret de 1870 ; et lorsqu'en 1871 une pétition demandant le retrait du décret, fut envoyée à l'Assemblée nationale par quelques hommes des anciens partis, peu satisfaits de l'attitude prise par les Israélites dans les élections de cette époque ; ceux-ci y répondirent par une contre pétition, qui se terminait ainsi :

« Attendu que les Israélites algériens ne le cèdent à aucune autre fraction de la population de l'Algérie en dévouement à la Mère-Patrie et qu'ils lui ont même fourni des combattants volontaires dans la dernière guerre sans parler de concours d'autre genre.

» Attendu que les signataires de la pétition du 15 mars, en demandant que le décret du 24 octobre soit rapporté, veulent que l'Israélite soit soumis en toute matière à la loi civile française et que par là, ils se montrent plus autoritaires que le gouvernement impérial, qui lui du moins, conservait aux Israélites non naturalisés leur loi propre;

» Par ces motifs :

» Les soussignés protestent contre la pétition du 15 mars; ils supplient l'Assemblée nationale de n'y avoir nul égard et d'ordonner une enquête parlementaire sur les causes de l'insurrection actuelle. — Le 26 mars 1871. »

L'Assemblée nationale n'eut en effet, nul égard à la pétition anti-sémitique, et elle fit preuve de sagesse; le décret du 24 octobre fut maintenu, les Israélites indigènes restèrent Français non pas malgré eux, mais malgré quelques individus, aux idées étroites, ayant conservé les préjugés religieux de leur enfance, ou blessés de ne pouvoir compter sur les suffrages des électeurs israélites.

L'INSURRECTION DE 1871

LA DÉFECTION DE MOKRANI

*Ont-elles eu pour cause la naturalisation collective
des Israélites.*

On a souvent dit que la naturalisation collective des
Israélites, avait profondément froissé les sentiments des
Indigènes musulmans, qu'elle avait été la cause déterminante de l'insurrection de 1871 et notamment de la défection de Si el Mokrani.

Toutefois il est à remarquer, que ceux qui ont donné
cette cause à l'insurrection sont, sauf quelques exceptions,
des serviteurs des anciens régimes, n'ayant pas su s'élever
au-dessus du préjugé religieux conçu dans le premier âge ;
le préfet Hélot, l'amiral de Gueydon, le capitaine Villot,
le commandant de Saincthorent, le premier président
Pierrey et quelques publicistes réactionnaires, notamment
les rédacteurs de la *Vérité algérienne.*

On peut nous opposer, il est vrai, M. Ch. du Bouzet qui
fut aussi de cet avis, et dans ces derniers temps, plusieurs
organes de l'opinion dite radicale ; mais personne n'ignore
que M. du Bouzet en 1871, comme les réactionnaires, se
montra hostile aux Juifs parce que, dans les élections qui,
eurent lieu à cette époque, ils votèrent pour les candidats
radicaux, tandis qu'aujourd'hui le contraire se produit.
Ceux qui s'intitulent intransigeants à Alger se sont déclarés anti-juifs parce que les naturalisés de 1870, préfèrent
depuis quelque temps donner leurs suffrages aux bons
citoyens dévoués à la liberté et à l'ordre, sous l'égide du

gouvernement républicain, et les intransigeants, genre algérien, n'ont pas craint tout récemment d'invoquer cet argument, pour faire la ridicule demande de l'abrogation du décret de naturalisation collective.

N'est-ce pas en effet offenser la France que de prétendre qu'avant de consommer un acte de justice envers les Indigènes israélites, son gouvernement aurait dû consulter le sentiment des musulmans et même s'y conformer? Singulière façon de comprendre le patriotisme !

On connait notre manière de voir sur les Indigènes musulmans ; nous sommes, dit-on, arabophiles, et par conséquent peu suspect d'hostilité à leur égard. Aussi prétendons-nous que nous avons le devoir de les consulter sur tout ce qui les intéresse, et nous trouvons même qu'on ne le fait pas assez.

Mais rien, dans la capitulation de 1830, dont on a beaucoup parlé dans ces derniers temps, ne dit qu'il faille prendre leur avis, quand nous voulons naturaliser soit individuellement, soit collectivement, des Espagnols, des Italiens et enfin des Juifs.

Cependant cette répugnance du Musulman contre l'Israélite, de l'Arabe contre le Juif, est-elle aussi prononcée, que le disent nos cléricaux et nos radicaux intransigeants algériens ?

Peut-être serait-il aisé de démontrer que les Indigènes musulmans ont moins que nous les préjugés de race.

La répugnance de l'Arabe s'applique bien plus aux professions, aux habitudes qu'aux personnes. Le cavalier arabe estime l'homme d'épée et n'a aucune considération pour le commerçant, pour le mercanti, expression qui dans sa bouche est presque une injure. A coup sûr il préfère un Israélite porteur d'un sabre à un chrétien mesurant de la toile.

Les Israélites nés en France sont nombreux dans l'armée d'Afrique. J'ai connu beaucoup d'officiers de cette race en Algérie et n'ai jamais remarqué la moindre répugnance à leur égard chez les chefs indigènes. On n'a jamais vu aucun spahis refuser d'obéir au brave chef d'escadron Aron, qui commandait l'escadron de spahis de Tiaret en 1855, ni au capitaine de spahis Abraham Carus qui fut chef du bureau arabe de Médéah et de Laghouat.

C'étaient des Juifs pourtant !

C'étaient aussi des Juifs, la plupart des interprètes militaires, auxquels obéissaient les goums qu'ils conduisaient à l'ennemi et à la tete desquels ils se faisaient souvent tuer comme Ayasse, Cohen Solal et Lévy. Si donc avant le décret Crémieux et dès les premières années de la conquête, les musulmans fidèles à la France, n'éprouvaient aucune répugnance à considérer comme des frères d'armes, les Israélites qui combattaient avec nous et avec eux, pourquoi se seraient-ils montrés plus difficiles en 1871 ?

D'ailleurs des hommes dont on ne peut contester la compétence ont très hautement déclaré que la naturalisation des Juifs était absolument étrangère à l'insurrection de 1871, et notamment à la défection de Si El Mokrani.

M. Lucet déposa devant la commission d'enquête parlementaire sur les événements de 1870-1871 en Algérie, que tous les accusés et témoins indigènes avaient déclaré dans le procès criminel des grands chefs, que le décret Crémieux n'avait été pour rien dans l'insurrection.

« Bien des personnes — dit le général Augeraud devant
» la même commission d'enquête, — pensent que le
» décret sur la naturalisation des Israélites a été la cause
» déterminante de la révolte. Quant à moi, je ne l'ai
» jamais cru. »

Non-seulement les Arabes n'ont pu être froissés d'une naturalisation qui ne violait en rien la capitulation de 1880 puisqu'elle était imposée à d'autres qu'eux, mais on pourrait presque croire qu'ils en ont été satisfaits, puisque les principaux d'entr'eux qui, sous l'Empire, ont fait partie de nos Assemblées départementales, se sont toujours joints à leurs collègues français pour la demander.

Des vœux furent émis dans ce sens. On peut s'en convaincre en compulsant les procès-verbaux des Conseils généraux d'Oran, de Constantine et d'Alger; le vœu pour la naturalisation fut signé par tous les indigènes parmi lesquels se trouvaient, à Alger, Ben Ali Chérif, agha de Chellata et à Constantine, Si Mokrani, kalifa de la Medjana.

Mais voici un document qui prouve que les musulmans faisant partie de nos Conseils généraux n'étaient pas seuls à prétendre que la naturalisation des Israélites ne déplaisait pas aux Arabes.

C'est une déclaration des autorités musulmanes du département de Constantine relative à la naturalisation.

Elle est ainsi conçue :

« Louange à Dieu unique !

« Constantine, 20 juin 1871.

» Le consistoire israélite de Constantine ayant demandé aux notables, parmi la population musulmane de cette ville, de vouloir bien lui faire connaître franchement quelle est leur opinion sur le décret qui a eu pour effet la naturalisation des Israélites de l'Algérie et ce qu'ils en pensent ; si ce décret a excité la colère et l'animosité dans les cœurs musulmans ou non.

» Nous, soussignés, lui avons répondu que cette mesure n'a froissé personne, parce qu'elle est rationnelle. Au contraire, tous les gens bien sensés l'apprécient et l'approuvent, alors surtout que la porte est ouverte à tous les Arabes qui désirent eux-mêmes se faire naturaliser.

7

» En foi de quoi nous avons déposé ci-dessous nos signatures. »

Et parmi les signatures on remarque celles de :

Hamouda ben Cheik, conseiller général.

El Mekki ben Zagoutha, adjoint au maire.

Taïeb ben Mohamed ben Larbi, ancien cadi.

El Mekki ben Badis, cadi à Constantine, conseiller général.

Ahmed ben Salah Bey, conseiller général.

Mustapha ben Ahmed Raïs, ancien cadi.

Ali ben Ahmed Kalifa.

Comment oser dire après de telles citations que les Indigènes musulmans ont été froissés, humiliés par le décret de naturalisation ? Comment oser dire surtout que c'est ce décret qui a provoqué l'insurrection en 1871 qui eut pour chef Si Mokrani ?

Si Mokrani, on l'a vu plus haut, avait, avec tous ses collègues du Conseil général de Constantine, signé le vœu en faveur de la naturalisation.

Et cependant M. Charles du Bouzet, par haine contre les Israélites qui votèrent avec les radicaux en 1871, n'a pas craint d'affirmer que dans sa déclaration de guerre, Si Mokrani, en renvoyant sa croix de la Légion d'honneur, avait fait savoir qu'il aimait mieux mourir les armes à la main que de « tolérer l'affront fait à sa race, en plaçant » les Israélites au-dessus d'elle. »

Autant de mots, autant d'erreurs, ou plutôt autant de mensonges, car M. Du Bouzet n'ignorait point le texte de la déclaration de guerre envoyée par Si Mokrani au général Augeraud.

Voici ce document, dans lequel le nom même des Israélites n'est pas prononcé :

Texte de la déclaration de guerre envoyée par Mokrani au général Augeraud.

« Je vous remercie de vos bonnes paroles. Je vous remercie de la bonté que vous m'avez témoignée et dont je garderai le meilleur souvenir. Mais je ne puis vous répondre qu'une chose : J'ai donné ma démission au maréchal de Mac-Mahon qui l'a acceptée.

» Si j'ai continué à servir la France, c'est parce qu'elle était en guerre avec la Prusse et que je n'ai pas voulu augmenter les difficultés de la situation. Aujourd'hui la paix est faite, et j'entends jouir de ma liberté. Vous le savez, je vous l'ai dit, je ne puis accepter d'être l'agent du gouvernement civil qui m'accuse de parti-pris, et qui déjà désigné mon successeur. Cependant on verra plus tard si l'on a raison d'agir ainsi, et si c'est moi qui ai tort. Mes serviteurs sont arrêtés à Sétif et à Aumale et partout l'on affirme que je suis insurgé. Pourquoi ? Parce que l'on veut me condamner. Eh bien ! je n'échangerai avec ces gens-là que des coups de fusil et j'attendrai. J'écris à M. le commandant de Bordj que je refuse mon mandat de février et qu'il ait à se tenir sur la défensive, car je m'apprête à combattre.

» Adieu,

» Signé : MOHAMED BEN AHMED EL MOKRANI. »

Ainsi c'est pendant que le maréchal de Mac-Mahon était gouverneur de l'Algérie, par conséquent avant la guerre, que Mokrani donnait sa démission ; le décret de naturalisation n'y était pour rien puisqu'il ne fut signé que le 24 octobre 1870.

Il importait fort peu à Mokrani que les Israélites fussent

citoyens français comme les mercantis de Bordj-bou-Arré-
ridj. Ce qui lui importait, c'était de rester le grand chef
de la contrée et de ne pas descendre au rang de simple
particulier ou tout au plus d'adjoint du Maire de Bordj-bou-
Arréridj. Ce dont il ne voulait pas, c'était d'un gouvernement civil qui, en détruisant le pouvoir de l'aristocratie
arabe devait achever sa propre ruine.

Mokrani savait que le gouvernement civil, c'était, dans
un temps donné, la suppression des bach-agas et de tous
les chefs arabes, et par conséquent la suppression de ses
recettes irrégulières, avec lesquelles il faisait face aux exigences de ses créanciers.

« Nous allons descendre — disaient les chefs arabes, —
» au rang de simples bergers. — Jamais — avait dit
» Mokrani — « je n'obéirai à un gouvernement civil.
» J'obéirai à un soldat, quel qu'il soit ; qu'il fasse de moi
» ce qu'il voudra ; mais jamais je n'obéirai à un gouverne-
» ment civil. »

On peut lire les débats du procès des grands chefs à
Constantine ; on y verra que le mot d'ordre de l'insurrection était : Guerre au Gouvernement civil !

La substitution du gouvernement civil au gouvernement
militaire fut la cause unique de l'insurrection de 1871.

ONT-ILS ÉTÉ NATURALISÉS

MALGRÉ LES FRANÇAIS D'ORIGINE ?

Ce qu'il y a de plus curieux dans cette campagne entreprise par quelques individus plus ou moins radicaux d'Alger, contre les Israélites, c'est de leur entendre dire que le gouvernement de la Défense nationale, en naturalisant en masse les Israélites de l'Algérie avait agi contre le vœu des Français habitant le pays, et blessé le sentiment national.

Or, il faut qu'on sache que bien avant l'avènement de la République, la naturalisation collective était désirée et demandée par les administrateurs de la colonie et ses principaux représentants dans les Conseils généraux et municipaux ; de nombreux vœux dans ce sens avaient été formulés par les personnages qui furent entendus dans l'enquête parlementaire faite par le comte Lehon.

On peut consulter les journaux du temps dans les bibliothèques publiques, on y verra que la presse algérienne était, elle aussi, unanime en faveur de la naturalisation.

Cette pression de l'opinion publique s'était manifestée à diverses reprises dans les Conseils généraux de l'Algérie consultés à cet effet par le Gouvernement :

« Considérant, disait le Conseil général d'Alger, en émettant le vœu dans sa session de 1869, que les nombreuses preuves de patriotisme et les services rendus par les

Israélites indigènes commandent impérieusement que le titre de citoyen français leur soit donné sans retard. »

Les Conseils généraux d'Oran et de Constantine n'étaient pas moins explicites.

Dans les *Cahiers algériens* de 1870, M. Warnier écrivait :

« La naturalisation individuelle jette le trouble dans les intérêts des familles, en maintenant les non naturalisés sous une loi qui date de Moïse, et en soumettant les naturalisés à des lois qui changent chaque jour. *La naturalisation en masse*, au contraire, place tous les intérêts sous la sauvegarde de la même loi, »

La naturalisation s'imposait d'ailleurs, et en dehors de toute autre considération, après l'ordonnance du 9 novembre 1845 qui avait aboli les pouvoirs civils, politiques et administratifs qui régissaient les indigènes, avant et depuis la conquête. Les Consistoires et rabbins qui les avaient remplacés n'avaient qu'une autorité religieuse, et depuis le sénatus-consulte de 1865 qui, tout en les déclarant Français leur avait conservé le statut personnel, les Israélites ne savaient plus à qui s'adresser pour en assurer l'application ; ils ne savaient plus à qui s'adresser pour leurs mariages, leurs successions, leurs possession d'Etat et autres intérêts de famille. Les notaires, ignorant les principes de leur statut personnel, refusaient de recevoir les actes les intéressant. Il en était de même des officiers de l'état civil pour la célébration des mariages, et les tribunaux français ignorant les premiers éléments du code talmudique, étaient fort embarrassés pour juger les différends des Israélites.

Il nous semble donc qu'une mesure qui était réclamée par la presse entière, par les témoins qui furent entendus dans les enquêtes et par les Conseils généraux de l'Algérie, était conforme aux désirs des Français habitant l'Algérie, et que c'est bien à tort qu'on vient prétendre seize ans après la naturalisation, que les Français d'origine ne la voulaient pas.

Ils la voulaient si bien que lorsqu'elle fut décrétée, loin de s'en plaindre, les habitants de l'Algérie voulurent en récompenser l'auteur en le nommant leur représentant à l'Assemblée nationale.

Il y eut cependant quelques réactionnaires, en petit nombre, qui, blessés de l'appoint électoral que les nouveaux électeurs avaient apporté aux républicains radicaux dans les élections législatives, départementales et communales, rédigèrent une pétition pour demander le retrait du décret de naturalisation ; mais ils ne réussirent pas à trouver d'autres signatures que les leurs.

Or, veut-on savoir qui combattit cette pétition insensée. Ce furent les radicaux ; et à leur tête, les citoyens Basset et Marchal, dont le premier est président et le second vice-président de la Ligue anti-sémitique, fondée en 1884 pour demander au Parlement ce que les réactionnaires demandaient en 1871 : la dénationalisation de 35,000 juifs naturalisés ; avec cette différence pourtant à l'avantage des réactionnaires, que ceux dont on demandait la dénationalisation en 1871, n'étaient citoyens français que depuis six mois, tandis qu'aujourd'hui ils le sont depuis quinze ans et que parmi ces 35,000 Français israélites, il y en a un grand nombre qui sont nés depuis 1870 et ne sont point par conséquent des naturalisés, puisqu'ils sont nés comme nous, dans un pays français, de parents français, et par conséquent Français au même titre et dans les mêmes conditions que nous.

Ce sont les anciens radicaux d'Alger qui se montrèrent si satisfaits en 1870 du décret de naturalisation qui, aujourd'hui en demandent le retrait ; ce sont les mêmes qui, à deux reprises ont eu pour candidat à la députation, l'illustre Crémieux et qui réussirent à l'envoyer à l'Assemblée nationale, qui aujourd'hui lui font le reproche d'avoir profité de son passage aux affaires pour donner une patrie à ses coreligionnaires, malgré ces derniers, malgré les Indigènes et même malgré les Français de race.

On vient de voir ce qu'il fallait penser de cette opposition et nous croyons avoir démontré que non seulement elle n'avait pas existé, mais que de plus la réforme accomplie par M. Crémieux était attendue et désirée par l'opinion publique.

Mais ce qu'on ne saurait trop redire, c'est que M. Crémieux en cette circonstance ne faisait pas œuvre d'initiative, n'agissait pas uniquement comme juif ; la réforme était préparée de longue main par le gouvernement impérial et la naturalisation était sur le point de s'effectuer quand l'Empire est tombé. Nous en trouvons la preuve dans les paroles suivantes du Garde des Sceaux Emile Ollivier, adressées à M. Crémieux, en réponse à une interpellation de ce dernier, dans la séance du Corps législatif du 19 juillet 1870 :

« L'honorable M. Crémieux — disait il — demande au Gouvernement de vouloir bien naturaliser 40,000 Israélites algériens qui demandent à devenir citoyens français, car ils sont déjà Français. Je réponds à l'honorable M. Crémieux que *le Gouvernement désire naturaliser les Israélites,* seulement il est arrêté par une question de droit : La naturalisation peut-elle se faire en vertu d'un décret ou exige-t-elle une loi ? Si l'honorable M. Crémieux croit qu'un décret suffit, son opinion de jurisconsulte a toujours du poids et elle en aura un grand dans nos décisions. Je le répète, ce qui nous arrête, c'est uniquement une question de forme. (Très bien, très bien.) »

Ainsi et comme le disait un an après M. Crémieux

répondant à un Ministre républicain et en même temps réactionnaire :

« La République a voulu ce que voulait l'Empire ; elle s'est rencontrée avec lui une fois sur le même terrain, *celui de la civilisation*, et elle a voulu, comme l'Empire, l'émancipation d'*une race* qui par dix-huit siècles d'avilissement et de persécution méritait que la nation première parmi les nations civilisées, donnât en 1870 aux Juifs de l'Algérie, ce qu'elle avait donné en 1791 aux Juifs de la France. La République de 1870 se souvenant que la République de 1848 avait émancipé les nègres esclaves, émancipa les Juifs algériens qui, certes, méritaient ce grand acte de religion et de justice. »

Belles paroles ! que les anti-juifs d'Alger qui se disent républicains radicaux, devraient méditer.   (E.)

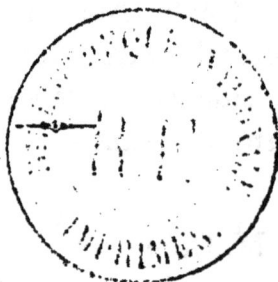

LE GOUVERNEMENT DE LA DÉFENSE NATIONALE

AVAIT-IL LE POUVOIR LÉGISLATIF?

Le gouvernement avait-il le droit de naturaliser en masse les 35,000 Israélites indigènes ?

Pour répondre à cette question, il suffit de rechercher si le Gouvernement de la Défense nationale avait ou n'avait pas le pouvoir législatif.

Or, la question a été jugée dans le sens de l'affirmation par l'Assemblée nationale.

Il est d'ailleurs de jurisprudence que les gouvernements de fait, nés à la suite d'une révolution ou d'un coup d'Etat, exercent sous leur responsabilité le pouvoir législatif, sauf au pouvoir régulier qui leur succède à abroger les décrets rendus pendant la période de transition ; mais toujours sans effet rétroactif.

Il était absurde de prétendre comme l'a fait M. Charles Du Bouzet que le décret du 24 octobre 1870 devait être déclaré nul et que la loi devait procéder comme s'il n'existait pas, parce qu'il ne se rapportait pas à la Défense nationale. Le raisonnement de M. Charles Du Bouzet est tombé devant la décision prise par l'Assemblée nationale qui adopta à ce sujet l'amendement de M. Bertault, modifiant la proposition de M. Amédée Lefèvre-Pontalis.

Et en effet, on ne pouvait admettre que pendant six mois le pouvoir législatif eut pu être suspendu. Et si on avait dû considérer comme nul le décret de naturalisation, il eut fallu pour être logique en faire autant pour tous les autres décrets, au nombre desquels se trouveront ceux proclamant la République, abolissant l'Empire, le Sénat, le Corps législatif, le Conseil d'Etat, soit quatre éléments du pouvoir législatif.

Le pouvoir législatif du gouvernement dit Défense nationale fut également reconnu par la Cour de cassation laquelle sans souci de l'opinion de M. Du Bouzet, cassait le 8 juin 1871, un arrêt de la Cour de Douai qui s'était refusée à l'application de ces décrets :

« Attendu, disait la Cour suprême, que le gouvernement de la Défense nationale avait assumé sans opposition de la nation, la responsabilité de l'exercice de la puissance publique et du pouvoir législatif.

» Qu'en se donnant pour objet la défense du pays, et s'engageant implicitement, comme moyen d'atteindre ce but, à prendre les mesures nécessaires pour protéger l'ordre *intérieur*, etc., etc. »

Aussi pas de doute sur la constitutionalité de décret du 24 octobre 1870.

LA PROMULGATION

NE POUVAIT ÊTRE RETARDÉE

Les anti-sémites ont fait le reproche à l'illustre Crémieux d'avoir profité de sa présence au gouvernement
de la Défense nationale, pour rendre un décret que les
circonstances ne justifiaient point, auquel personne ne
s'attendait, et qu'il n'aurait certainement pas signé s'il
n'eut pas appartenu à la race juive.

Ce fut un coup de surprise, a-t-on dit, et peut-être
même une manœuvre électorale ; la naturalisation en
masse de plus de 30,000 Israélites devait assurer son
élection en Algérie.

Cet homme de bien était incapable de se laisser guider
par des intérêts aussi mesquins. Quand le décret fut
rendu, les élections étaient encore assez éloignées, et
M. Crémieux pouvait espérer, sans fol orgueil, être réélu
à Paris ou dans les départements.

Le projet de naturalisation collective n'était, d'ailleurs,
pas nouveau. Depuis longtemps cette naturalisation était
réclamée par l'opinion publique en Algérie. Une grande
enquête avait eu lieu à ce sujet, prescrite par le gouvernement impérial ; les Conseils généraux, les Consistoires
avaient été consultés, les généraux de division, les préfets,
les chefs de la cour ; le gouverneur avaient donné leur
avis, et enfin, M. Emile Olivier, alors garde des sceaux,
« avait, au commencement de 1870, saisi le Conseil d'Etat
» d'un projet de loi portant collation de la naturalité
» française aux Israélites indigènes. »

M. Crémieux avait reçu la promesse que le décret de naturalisation collective ne tarderait pas à être promulgué, et, comme elle tardait à se réaliser, il crut devoir interpeller le gouvernement à ce sujet.

Voici cette interpellation qui fut adressée en séance du Corps législatif, le 19 juillet 1870, et qui n'est certes pas une manœuvre électorale, puisqu'à ce moment l'Algérie n'avait pas de représentants au Corps législatif. Elle est extraite du *Journal officiel* :

« M. Crémieux. — Voilà bien longtemps que je réclame, au nom d'une population considérable, au nom de quarante mille israélites algériens, qui désirent obtenir du gouvernement leur naturalisation.

« Plus d'une fois, Monsieur le Ministre, nous en avons parlé ensemble, et j'ai trouvé de la part du gouvernement des dispositions qui me paraissent être favorables.

« Au moment où les Conseils municipaux vont être nommés, il serait d'une grande importance d'avoir 40,000 citoyens israélites de plus.

« Ma demande se résume en ceci :

« Naturalisation immédiate s'il est possible, de 40,000 Israélites algériens ; ils la demandent depuis longtemps, et, dans mon dernier séjour à Alger, ils m'ont appelé à des réunions nombreuses, dans lesquelles ils ont réclamé de moi cette naturalisation, c'est-à-dire l'honneur d'être déclarés, non pas Français, ils le sont déjà, mais citoyens français. (Approbation à gauche.)

« M. le Garde des sceaux. — L'honorable M. Crémieux demande au gouvernement de vouloir bien naturaliser 40,000 Israélites algériens qui demandent à devenir citoyens français, car ils sont déjà Français. Je réponds à l'honorable M. Crémieux que le *gouvernement désire naturaliser les Israélites*, seulement il est arrêté par une question de droit ; la naturalisation peut-elle se faire en vertu d'un décret ou exige-t-elle une loi ?

« Si l'honorable M. Crémieux croit qu'un décret suffit, son opinion de jurisconsulte a toujours du poids et elle en aura un grand dans nos décisions. Je le répète, ce qui nous arrête, c'est uniquement une question de forme. (Très bien ! Très bien !) »

M. Crémieux répond qu'un décret suffira pour conférer à des *Français* le titre de citoyens.

Ainsi tout était prêt et il n'est pas douteux que sans la guerre avec l'Allemagne et ses conséquences, les Israélites indigènes auraient été naturalisés par le gouvernement impérial, le gouvernement de la Défense nationale n'a fait que ce que le gouvernement précédent aurait fait lui-même s'il était resté debout.

On aurait trouvé même assez singulier que M. Crémieux arrivant aux affaires et investi du pouvoir législatif, ne mit pas à exécution au profit de ses coreligionnaires, une mesure libérale dont il avait été l'un des plus ardents promoteurs dans l'opposition. Mesure équitable et d'ailleurs désirée de tous.

On aurait trouvé singulier qu'il fut descendu du pouvoir sans avoir aboli un statut personnel, dont personne ne voulait plus, statut qui déshérite les filles, qui permet au beau-frère d'épouser ou de ne pas épouser sa belle-sœur devenue veuve, et au mari de répudier sa femme et lui donne le droit d'en avoir plusieurs.

Non, M. Crémieux en signant le décret du 24 octobre n'avait pas d'autre préoccupation que l'émancipation d'une race qui par dix-huit siècles de persécutions, méritait que l'on donnât en 1870 aux juifs de l'Algérie ce que la France avait donné en 1791 aux juifs de la France. Et comme le disait l'illustre auteur du décret, la République du 4 septembre 1870 se souvenant que la République du 24 février 1848 avait émancipé les nègres esclaves, elle émancipa les juifs algériens, qui, certes, méritaient ce grand acte de justice.

L'ABROGATION DU DÉCRET

EST-ELLE POSSIBLE ?

Il est probable que si le Comité des Quinze ou le docteur Autun avaient pu parvenir à recevoir des signatures ayant quelque valeur au bas d'une pétition demandant l'abrogation, et que, par hasard, on eut fait l'honneur à cette pétition de la prendre en considération à la Chambre des députés, on aurait fait au député qui aurait commis l'imprudence de s'en faire le défenseur des objections qui l'auraient fort embarrassé.

« N'est-il pas vrai, lui aurait-on dit, que le décret du 24 octobre 1870 a eu, jusqu'à ce jour, une existence légale, qu'il a produit des conséquences, créé des situations, établi des droits, que vous nous proposez de violer ?

» Que vont devenir les contrats qui se sont faits, les propriétés qui se sont transmises ?

» Les successions qui se sont ouvertes depuis 1870, ont été réglées d'après la loi française ; reviendra-t-on sur les partages ? Les fils pourront-ils demander la nullité des testaments faits en faveur des filles ? Les pères pourront-ils abolir les donations faites à leurs filles, selon l'égalité de la loi française ?

» Et les mariages donc ?

» Il y en a en moyenne 850 par an, parmi les Israélites en Algérie. Il y en a donc eu environ 5,000 depuis 1870, qui ont été contractés sous l'empire de la loi française.

» Les cinq mille épouses sont-elles retombées sous la loi talmudique, qui donne au mari le droit de répudiation ? les belles-sœurs qui, veuves, se sont remariées sans le consentement du frère de leur premier mari verront-elles leur mariage brisé ?

» Et les filles françaises, juives ou chrétiennes, qui ont épousé des juifs algériens, croyant épouser des citoyens français, que ferez-vous d'elles ? la femme doit suivre la condition de son mari, direz-vous, et les époux de ces françaises étant redevenus indigènes, leurs femmes ne sont plus régies par la loi française ; elles croyaient avoir contracté des liens indissolubles, il n'en est rien ; et du même coup, elles apprennent que leurs enfants n'auront plus une part égale dans l'héritage du père, que les filles n'auront rien.

» Quelle sera la situation de ces autres épouses françaises, juives ou chrétiennes ou libres-penseuses, qui n'auront contracté mariage que devant l'officier de l'état-civil et non devant le rabbin ? seront-elles concubines ? leurs enfants seront-ils légitimes ou illégitimes ? français ou indigènes ? »

Il faudra bien trancher toutes ces questions et prouver à une Chambre française, que l'abrogation du décret Crémieux, n'aura pas pour conséquence de placer à nouveau la population israélite de l'Algérie, sous un statut personnel, sans moyens pratiques pour l'appliquer, et de provoquer un bouleversement social sans exemple.

Rude besogne pour le député qui l'entreprendra.

Pourrait-on même au moyen d'une loi dénationaliser une fraction quelconque de citoyens actuellement Français?

S'il était permis au Parlement français de commettre une pareille infamie à l'encontre des 35,000 Israélites de l'Algérie, naturalisés il y a 15 ans, il pourrait également le faire pour les Israélites français de la Métropole, naturalisés il y a quatre-vingt-dix ans. Il pourrait le faire également pour les étrangers qui ont été individuellement naturalisés.

Cette rétroactivité est-elle admissible ?

Y a-t-il une différence dans nos constitutions entre les Français d'origine et les Français devenus tels par suite de naturalisation ?

Non.

En supposant qu'un tel droit existât, c'est-à-dire que les Français nés de parents Français, puissent retirer aux Français simplement naturalisés, leurs lettres de naturalisation, ce droit pourrait-il s'étendre aux enfants des naturalisés, lesquels ne sont pas naturalisés, mais des Français comme tous les autres Français nés en France, de parents français ?

Non, n'est-ce pas ?

Or, le nombre des Israélites algériens appartenant à cette catégorie est aujourd'hui considérable. Le nombre des Israélites qui furent naturalisés le 24 octobre 1870 diminue tous les jours par suite des décès, et le nombre de ceux qui, nés depuis cette époque, sont nés Français, augmente tous les jours ; si bien que sur les 35,000 citoyens français nés en Algérie et professant le culte judaïque, il n'y en a guère que 20,000 nés avant le 24 octobre 1870, de parents non français et naturalisés par le décret Crémieux, et environ 16,000 qui, nés depuis, sont Français comme nous tous et ne peuvent perdre cette qualité que dans les conditions prévues par le Code civil.

Il y a eu pourtant quelques personnages, en Algérie, et il y en a encore quelques-uns, à l'heure qu'il est, qui désirent qu'on retourne à l'ancien régime, que les Israélites soient replacés dans cette situation si mauvaise dont le décret du 24 octobre 1870 les a délivrés, qui demandent enfin que ce décret soit abrogé, et qui même semblent croire que la chose est possible.

On fit un jour, au Conseil général d'Oran une proposition dans ce sens. Ce fut le docteur Autun qui ne craignit pas de la signer et de la développer; elle fut appuyée par beaucoup de ses collègues, et il s'en fallut de peu qu'elle ne fut votée.

A Alger, nos radicaux anti-sémites, heureux des succès qu'ils venaient de remporter dans les troubles récents, formèrent un comité de quinze membres ayant le même but : l'abrogation du décret de naturalisation.

Je me suis souvent demandé comment M. Basset pouvait, dans son journal actuel, le *Radical algérien*, demander l'abrogation de ce décret, alors qu'en 1871, il avait, avec beaucoup de talent, démontré dans la *Solidarité* que cette abrogation était impossible, et comment surtout, il avait pu accepter la présidence d'un comité chargé d'une mission qui, selon lui, était absurde.

Et, en effet, il n'est rien de plus absurde que d'espérer que le Parlement français va, pour plaire à quelques individus mécontents de leurs défaites électorales, enlever une patrie à 36,000 citoyens français.

On ne pouvait même espérer qu'un député algérien oserait en faire la proposition, et, quand M. Félix Dessoliers, fut interpellé à ce sujet par un électeur de sa circonscription, il n'hésita pas à répondre : « que jamais il n'accepterait de faire une proposition semblable. »

C'est pourquoi sans doute, je le répète, le Comité des Quinze n'a plus donné signe de vie, et je crois bien que ses membres principaux voudraient bien qu'on oubliât aujourd'hui qu'ils en ont fait partie. (F.)

LES

ISRAÉLITES ALGÉRIENS

LES ISRAÉLITES ALGÉRIENS

Nous avons raconté ce qui s'est passé en 1884, avec une exactitude qui défie toute rectification sérieuse. Nous avons ensuite réduit à leur juste valeur, les diverses critiques formulées contre le décret du 24 octobre 1870, prouvé que la naturalisation collective n'avait été pour rien dans l'insurrection de 1871, qu'elle était ardemment sollicitée par les Israélites, désirée aussi par les Français d'origine, préparée et résolue par le gouvernement impérial, inévitable aussi, et, qu'en outre, c'était vainement et sans espoir de succès, que quelques esprits en retard, demandaient l'abrogation du décret du 24 octobre 1870.

Il nous reste à démontrer qu'en 1870, les Israélites indigènes étaient dignes du titre de citoyen français qu'on leur conférait, et qu'ils ont continué d'en fournir la preuve dans l'usage qu'ils ont fait de leurs droits politiques, depuis quinze ans qu'ils les exercent.

Nous avons ici deux catégories d'anti-sémites ; ceux qui ne veulent pas entendre parler de la race juive, tant en France qu'en Algérie, qui détestent le juif, quel qu'il soit et d'où qu'il vienne, qu'il s'appelle Crémieux ou Disraéli, ou que, né en Algérie, il porte un nom inconnu. Ce n'est pas pour ces revenants du moyen-âge que ce modeste livre est écrit. Il y a aussi ceux qui font une distinction, entre le juif de France et celui d'Algérie, entre celui qui ne parle que le Français parce qu'il est né en France, et celui qui parle l'Arabe parce qu'il est né en Algérie.

Ces anti-sémites particuliers conviennent que les Israélites français nous sont en tous points semblables, mais qu'il n'en est pas de même et n'en sera jamais de même de ceux d'Algérie. Ce sont ces derniers que nous espérons convertir.

Eh quoi ! leur disons nous. Puisque les juifs de l'Algérie appartiennent à la même race que ceux d'Europe, pourquoi ceux d'Europe seraient-ils perfectibles tandis que les Algériens seuls ne le seraient pas ? On voit les juifs de France servir avec distinction dans nos armées, fournir des généraux, des officiers supérieurs. Ils brillent dans les arts, dans le barreau, dans la politique, dans les sciences, dans la presse ; ils nous opposent avec orgueil une pléiade d'hommes illustres : les Meyerbeer, les Ratisbonne, les Naquet, les Halévy, les Crémieux, les Raynal, les Disraéli, les Olynde Rodrigues, les Léon Gozlan et une infinité d'autres, quoiqu'ils ne soient en France que quarante mille sur 38 millions d'habitants, et ce serait là une exception ? Non cela n'est pas possible.

Ils n'ont pas encore en Algérie des noms aussi éclatants à offrir à notre admiration, mais il n'y a que quinze ans qu'ils sont Français, et nous mêmes, Français d'origine, nous n'avons pas encore vu surgir une illustration parmi nos compatriotes nés en Algérie. Il ne s'agit donc pour le moment que de démontrer que la différence qui existe encore entre l'Israélite algérien et le Français d'origine n'est pas considérable, et que si chez eux, comme chez nous, en Provence et en Bretagne il y a encore des ignorants, il y a aussi comme chez nous, et à peu de chose près en aussi grand nombre, des gens solidement instruits, éclairés, dévoués à la patrie, qui justifient la mesure politique dont ils furent l'objet, il y a quinze ans.

DE L'USURE

CHEZ LES ISRAÉLITES INDIGÈNES

« Déjà le juif a appauvri l'Algérie par l'usure, et si une
» insurrection éclate, il saura vite quitter le pays et suivre
» son argent mis en sûreté depuis longtemps. »

Ainsi s'exprimait le *Radical algérien*, journal de M.
Basset, en 1884.

Autant de mots, autant d'absurdités.

Si l'argent a été prêté à usure, il est dans les mains
des débiteurs et n'a pu être mis depuis longtemps en
sûreté.

Il y a eu bien des insurrections en Algérie, et nous
n'avons jamais vu un juif quitter le pays, emportant ses
richesses.

Le pourraient-ils, en cas d'insurrection ?

Pour répondre à cette accusation insensée, il suffit de
rappeler que la plus grande partie, et peut-être la totalité des fortunes israélites sont des fortunes immobilières.

Mais on va plus loin, on fait de l'usure une doctrine
religieuse, et on raconte très sérieusement qu'une loi de
Moïse interdit le prêt à intérêt d'hébreu à hébreu et le
recommande d'hébreu à chrétien.

Cette imputation, fort ancienne d'ailleurs, et qui a été
en d'autres temps l'une des causes des persécutions qui se
sont produites contre les juifs, en est restée le prétexte
aujourd'hui pour nos anti-sémites, qui savent bien qu'elle
n'est pas fondée.

En effet, les décisions du grand Sanhédrin de 1808, après avoir démontré que le texte religieux qui autorise, dans certains cas, le prêt à intérêts, ne fait aucune distinction entre les hébreux et les chrétiens appartenant à la même patrie, condamne l'usure, c'est-à-dire le prêt à un intérêt, autre que le taux légal :

« Ordonne, dit le grand Sanhédrin, — à tous comme précepte religieux, — « de ne faire aucune distinction en » matière de prêt, entre concitoyens et coreligionnaires.

» Déclare, en outre, que quiconque transgresse la précédente ordonnance viole un devoir religieux et pèche notoirement contre la loi de Dieu;

» Déclare enfin que toute usure est indistinctement défendue, non-seulement d'hébreu à hébreu et d'hébreu à tout citoyen d'une autre religion, mais encore avec les étrangers de toutes nations, regardant cette pratique comme une iniquité abominable aux yeux du Seigneur. »

Est-ce à dire que les Israélites n'ont jamais pratiqué l'usure ?

Non, certes, et nous voyons dans l'histoire que ce reproche commence à leur être adressé vers la fin du douzième siècle.

Il n'est pas difficile de concevoir qu'à cette époque ils aient pu devenir usuriers.

Ils ne pouvaient plus compter sur l'appui des princes, ils s'étaient vus chassés sans pitié, leurs propriétés aient été confisquées, et leurs effets mobiliers avaient pu seuls, être conservés.

Ils durent nécessairement se tenir sur leurs gardes, ne plus convertir leur fortune en immeubles, et veiller à ce que leurs biens pussent les suivre en cas de nouveaux exils.

Le commerce qui leur était le plus favorable était le prêt à intérêt, mais ils n'étaient pas seuls à le pratiquer.

La route leur avait été frayée par d'autres. Ce n'était pas aux juifs que l'usure devait son origine, mais bien à cette tourbe de vautours auxquels l'histoire du moyen-âge a donné les noms de Florentins, Etrusques, Caorrins, Lombards, qui s'étaient organisés en société pour spéculer sur les malheurs publics, et qui, plusieurs fois déjà, avaient été chassés des divers états de l'Europe, avant qu'il fut question d'exiler les juifs pour fait d'usure.

Il ne faut pas se méprendre, dit un historien, sur la qualification d'usurier appliquée exclusivement aux juifs ; les usuriers chrétiens furent longtemps en position de les éclipser. Plus tard, opprimés par les taxes qu'ils payaient, ruinés par l'exil, impitoyablement massacrés par les chrétiens, il ne leur était pas possible de se montrer scrupuleux sur le choix de leurs moyens d'existence. Ils furent heureux de pouvoir enlever aux Florentins quelques faibles restes de leur proie.

Jusqu'au moment de leur émancipation, les Israélites ont bien été forcés pour assurer leur existence de se livrer au commerce de l'argent, presque le seul qui leur fut permis avec les vicissitudes de leur état, l'incertitude où ils étaient, soit à l'égard de leur sûreté personnelle, soit à l'égard de leurs propriétés, et les obstacles de tout genre que les règlements et les lois des nations, opposaient au libre développement de leur industrie et de leur activité. (Grand Sanhédrin.)

La situation des Juifs en Algérie était moins mauvaise que celle de leurs coreligionnaires des états européens autres que la France, et moins mauvaise aussi que celle dont leurs coreligionnaires de la Métropole avaient été délivrés par la Révolution de 89, qui en a fait, au grand profit de la France et au leur, des citoyens français.

Depuis plusieurs siècles les Israélites algériens n'avaient

subi d'autres persécutions que celles que leur avaient fait subir les Espagnols dans les villes de l'Algérie qui étaient au pouvoir de ces derniers : Bougie, Tlemcen, Oran.

Expulsés même de cette dernière ville en 1666, ils ne purent y revenir qu'en 1792, lorsqu'après un tremblement de terre les Espagnols, l'eurent quittée définitivement.

Pas plus que les chrétiens, les juifs ne pouvaient acquérir des propriétés foncières dans l'ancienne Régence, mais ils pouvaient se livrer à toutes les opérations commerciales et exercer toutes sortes de métiers, aucun genre de commerce, aucune industrie ne leur étaient interdits.

C'est ainsi que les Français en arrivant en Algérie, trouvèrent les Israélites exerçant tous les métiers, monopolisant en quelque sorte le commerce de l'Afrique septentrionale, mais — quoi qu'on en ait dit — ne pratiquant pas l'usure.

Nous n'avons rien trouvé dans les brochures publiées au lendemain de la conquête de relatif à l'usure et nous avons toujours entendu dire par les anciens habitants du pays — et nous en avons connu beaucoup dans notre jeunesse, — que l'usure était à peu près inconnue sous le gouvernement des Deys ; qu'avant 1830, il n'y avait eu en Algérie et ne pouvait pas y avoir d'usuriers.

Nous ne prétendons pas que parmi les Israélites de ce temps-là, comme parmi les chrétiens et les musulmans, on n'aurait pas trouvé des individus capables de prêter à gros intérêts, mais seulement constater un fait et en faire connaître la cause.

L'usure n'existait pas parce que les causes qui la font naître n'existaient pas. Il n'y avait pas d'usuriers parce qu'il n'y avait pas d'emprunteurs.

Les causes principales de l'usure sont : la dissipation, la prodigalité, d'une part, et les spéculations aventureuses d'autre part. Ni les unes ni les autres ne pouvaient exister à Alger ou dans les grandes villes de l'Algérie.

Le mariage y prenait l'homme à quinze ans, une discipline rigoureuse régnait dans toutes les familles même chez les musulmans, parce qu'une police inconnue en Europe ne tolérait pas que personne circulât en ville après, le coucher du soleil.

Il n'y avait que la soldatesque turque qui connaissait le célibat et la licence, et celle-ci ne pouvait guère se montrer prodigue d'un or qu'elle n'avait pas et encore moins dissipatrice d'un capital quelconque.

Il n'y avait donc ni prodigues, ni dissipateurs. Quant à l'esprit d'entreprise industrielle ou commerciale, on ne le rêvait même pas.

Ce ne fut qu'après la conquête que l'usure apparut. Elle se développa avec une telle rapidité, prit de telles proportions et se rendit, à ce qu'il paraît, si nécessaire, que le gouvernement français dût non seulement la tolérer, mais la régulariser, la rendre légale et même la faire pratiquer à son profit. Et en effet, une ordonnance de 1834 portait que le taux de l'intérêt était facultatif en Algérie, et qu'à défaut de convention écrite le taux était fixé à dix pour cent, en matière civile, et à douze pour cent en matière commerciale.

Le délit d'usure fut aboli pour l'Algérie et l'Etat lui-même fit payer à ses débiteurs l'intérêt usuraire de dix pour cent, devenu légal. Il en est toujours ainsi, le prêt à intérêt facultatif est toujours permis, le taux non conventionnel seul a été réduit depuis trois ou quatre ans, à six pour cent.

Après la conquête, les mœurs changèrent brusquement. Il n'y eut plus l'heure du couvre-feu, les jeunes hommes et même les hommes mûrs désertèrent la famille et se livrèrent à des plaisirs nouveaux pour eux; le jeu et les femmes curont bientôt vidé les bourses, et par suite, les emprunts à des taux exorbitants, commencèrent à être pratiqués.

La population civile européenne, venue après la conquête, apporta avec elle le goût des spéculations industrielles et commerciales et, comme les capitalistes étaient rares, les usuriers se présentèrent.

Ce n'étaient pas des juifs du pays. Les premiers marchands d'argent venaient d'Europe, ils se nommaient : l'un Bel et l'autre Garnier, firent fortune en quelques années, et abandonnèrent l'Algérie en 1840, mais en y laissant de nombreux imitateurs.

On peut consulter les minutes des notaires de l'époque, on y verra que presque tous les prêts hypothécaires y sont faits par des maisons de banque françaises, à des taux qui sont rarement au-dessous de vingt-quatre pour cent et s'élèvent souvent à trente-six pour cent et au-dessus.

Nous ne parlons pas des prêts non hypothécaires.

Qui ne se souvient parmi ceux qui ont vécu, de tous les Gobsecks, devenus riches en biens immobiliers saisis sur leurs victimes indigènes ou européennes ?

Qui ne se souvient des embarras financiers du premier évêque d'Alger, Dupuch, qui, comptant sur des promesses qui ne furent pas tenues, dût recourir aux marchands d'argent, pour remplir une faible partie de ses engagements, son courtier était un nommé Passerou ; il empruntait un peu partout, à n'importe quel taux. Un bijoutier, nommé Dauvergne, prédécesseur de M. Ott, lui prêta quelque argent à *cinq pour cent par mois.*

Certes, de pareils maîtres devaient avoir des disciples. Ils en firent parmi les Israélites et aussi parmi les musulmans qui ne furent pas les moins prompts à profiter des préceptes et de l'exemple.

A Bône, Abdelkerim a laissé une fortune de deux mil.

lions, gagnée dans le commerce d'argent et à la faveur de l'intérêt facultatif.

A Alger, nous avons eu plusieurs banquiers maures, entr'autres le fameux Abderrahman el Kenaï, dont l'avarice est restée légendaire. Ses principaux clients étaient des femmes publiques chez lesquelles il se présentait à tour de rôle, à l'heure des repas, et qui le nourrissaient à titre de supplément d'intérêts.

C'est notoire !

Cette industrie lucrative et facile et qui, à la longue, n'a plus de risques parce que les pertes partielles sont largement compensées ; cette industrie, disons-nous, est pratiquée par des villages entiers en Kabylie ; autour de ces villages on ne voit presque pas de culture, leurs habitants ne vivent qu'en prêtant aux centres des environs.

A quel taux ?

Près de Tlemcen, il y a un village dont les habitants, tous colons concessionnaires, font cultiver leurs petits lots par des Arabes, et ne s'occupent que de prêts d'argent, au taux de 3, 4 et 5 pour cent par mois. Toute la région est tributaire de ces colons banquiers.

Il serait absurde de dire qu'aucun Israélite ne s'est livré à l'usure, mais on peut affirmer que le nombre des usuriers est chez eux, relativement moindre qu'ailleurs. Ce n'est qu'accessoirement que ce commerce est fait par eux, et tout au plus dans la proportion du vingtième de leurs commerçants. A cet égard, la vérification est facile, les banques reconnaissent fort bien la cause des effets qu'elles reçoivent à l'escompte, et savent distinguer même sous les rubriques d'expédients, les règlements de marchandises et les prêts d'argent.

Nous ne croyons pas qu'on puisse citer une seule fortune israélite à Alger, Oran, Constantine et Bône qui ait été édifiée par le commerce d'argent exclusivement ; la preuve en est dans les somptueuses maisons qu'ils font construire à grands frais, quoiqu'elles ne leur rapportent qu'un mince intérêt, sans aucun rapport avec celui qu'ils retireraient de leurs fonds s'ils voulaient faire l'usure.

Les plus beaux édifices du boulevard et des rues Bab-Azoun et Bab-el-Oued, ont été édifiés par les Israélites, ce sont eux qui ont construit la plupart des belles maisons des rues de la Lyre, Randon et les magnifiques villas de Saint-Eugène. On leur en a même fait quelquefois le reproche stupide.

Or, tous ces millions dépensés en constructions ne l'ont pas été dans des opérations d'usure.

Tous ces millions sont sortis de la caisse de ces juifs, devenus Français, que l'on traite d'usuriers, et contre lesquels on a si criminellement ameuté la foule. Ils en ont sortis, ces millions, pour aller s'éparpiller dans les poches des tailleurs de pierre, maçons, charpentiers, menuisiers et autres, et apporter le bien-être dans les familles d'ouvriers.

Croit-on de bonne foi que l'argent ainsi employé, puisse amener la ruine du pays ? (G.)

LA MORALITÉ DES ISRAÉLITES INDIGÈNES

On a dit et redit que les juifs étaient des usuriers, des banqueroutiers, des escrocs, des voleurs.

« C'est un être malfaisant, indigne de pitié, » disait l'*Union africaine*, organe des cléricaux à Alger.

« C'est une tourbe, disait le *Petit Colon*, organe radical, et le *Radical algérien* qui ne voulait pas être en reste, ajoutait : « C'est une race qui a tous les instincts » bas, que la nature ou une longue oppression a faite » rapace, rusée, avare, sordide, humble, dégradée. »

Mais dans la crainte que leurs accusations générales ne fussent pas suffisantes, ils annonçaient que bientôt ils publieraient une statistique des crimes et délits commis en Algérie par les Israélites ; le *Radical algérien* annonçait qu'il préparait un travail sur le nombre des faillites juives déclarées par le tribunal de commerce d'Alger comparé avec celui des faillites chrétiennes. Ce travail n'a jamais paru, on verra plus loin pourquoi. En attendant, et faute de mieux, messieurs les radicaux d'Alger racontaient des crimes, des délits, et quand par hasard, ils en pouvaient trouver d'authentiques, ils en tiraient le meilleur parti possible en en faisant supporter la responsabilité à toute la race.

Pendant que l'épidémie cholérique sévissait à Toulon et en Provence et qu'on en redoutait la présence en Algérie, on racontait qu'un brocanteur juif de Constantine avait fait pénétrer en Algérie 150 balles de vieux effets provenant des décédés cholériques de Marseille et d'Aix.

Il y eut enquête, et le fait intitulé avec raison par le *Petit Colon :* « Commerce odieux », fut reconnu inexact.

Nous fîmes remarquer à l'époque que, si une pareille spéculation avait eu lieu, l'acheteur juif n'eut pas été le seul coupable et que ses vendeurs chrétiens l'auraient été au moins autant que lui.

Une autre fois, c'était le président du Consistoire de Mostaganem qui était accusé de détournement de mineure ; c'était encore faux. Enfin, on fit grand tapage au sujet d'un mauvais garnement israélite qui a été condamné pour excitation à la débauche. Il semblait, à les entendre, que ce crime, absolument isolé, était commun chez les Juifs, sans faire cette réflexion que, dans le crime qui venait d'être commis, l'Israélite avait comme complice la propre mère de la jeune fille violée et que cette mère, qui depuis a été condamnée aux travaux forcés à perpétuité, n'était pas juive.

Nous avons dit précédemment ce qu'il fallait penser de l'accusation d'usure lancée contre les Juifs de ce pays. Voyons maintenant s'ils sont aussi banqueroutiers que le disent leurs détracteurs, et puisque ceux-ci n'ont pas montré le travail qu'ils avaient annoncé avec tant de fracas, nous allons le faire nous-même.

Le nombre des commerçants de l'arrondissement judiciaire d'Alger, qui ont été déclarés en état de faillite pendant les deux années 1883 et 1884, est de 120, qui se répartissent ainsi entre les Israélites naturalisés, les Européens et les Indigènes musulmans :

Israélites	33
Européens	80
Musulmans	7
Total	120

Ainsi sur 120 commerçants déclarés en état de faillite, les deux tiers sont européens.

Or, il est incontestable que, quant à présent du moins, le nombre des commerçants est proportionnellement beaucoup plus considérable chez les Israélites que chez les Européens ; dont un grand nombre sont colons, fonctionnaires ou ouvriers.

Ainsi, on commet une grosse erreur quand on prétend que les Israélites ruinent le pays par leurs faillites si nombreuses, les chiffres officiels démentent cette accusation.

Il ne nous a pas été possible d'établir sur des documents officiels le nombre des condamnations pour crimes et délits, à la charge des Juifs ; la statistique judiciaire ne fait à cet égard aucune distinction entre les Français d'origine et ceux de race juive. Mais j'ai trouvé dans la statistique des maisons centrales et des prisons départementales des renseignements suffisants pour faire connaître le nombre des condamnés européens, israélites, indigènes, sans pouvoir faire une distinction, pourtant entre les condamnations prononcées par les Cours d'assises et celles prononcées par les tribunaux correctionnels.

Il résulte de ces renseignements que la moyenne annuelle de la population des maisons centrales et prisons pendant six années, de 1876 à 1881, a été de 771 pour les Français d'origine, et de 93 pour les Israélites naturalisés.

La population française d'origine, d'après le dénombrement de 1876, s'élevait à 156,365 individus, le nombre des détenus était donc de 4,92 en chiffres ronds : 5, pour 1,000 français.

D'après le même dénombrement, la population israélite s'élevait à 33.212 ; la proportion entre les détenus et la population était de 2,80; en chiffres ronds : 3, pour 1,000 israélites.

Comme on le voit, les Israélites ne semblent pas donner aux parquets algériens plus de besogne que les autres habitants de l'Algérie.

Faut-il parler de la vie de famille chez les Israélites ? Faut-il faire remarquer la sévérité de leurs mœurs, leurs habitudes de travail, leur fidélité conjugale ?

Personne, je crois, ne conteste leur supériorité à ce point de vue.

Rappelons cependant en prenant nos chiffres dans les études statistiques du docteur Ricoux, que pendant l'année 1883, on n'a compté chez les Israélites que 32 naissances illégitimes sur mille naissances, alors qu'on en comptait 46 chez les Maltais, 86 chez les Italiens, 93 chez les Français et 192 chez les Allemands.

Nous avons le regret de constater toutefois, que depuis quelques années, la moralité perd du terrain, le nombre des condamnés augmente, les mœurs se relâchent. Les Israélites voulant s'assimiler à nous, adoptent nos vices, et bientôt M. Alexandre Weill, un juif alsacien, pourra répondre aux anti-sémites d'Alger, en parlant des juifs d'Afrique, ce qu'il répondait naguère aux anti-sémites d'Europe, en parlant des juifs d'Alsace.

« De quoi accusez-vous les juifs ? s'écrie-t-il. Si le juif, par sa religion supérieure, conforme à la raison, à la portée de tous les esprits, surtout par les lois hygiéniques de cette religion, avait une supériorité native, cette supériorité n'est même plus fondée par les faits d'actualité.

» ...Pas une goutte de sang animal n'entrait dans la nourriture de l'ancien juif. Sa cuisine était forcément frugale. De là, une longévité assez prononcée de la race juive et sa préservation des épidémies du moyen-âge.

» Une autre loi hygiénique a fait des juifs une race plus vigoureuse et plus intellectuelle : c'est l'abstinence d'amour, forcée, tous les mois pendant dix et douze jours.

» L'enfant juif était conçu, comme dit la Bible, dans la pureté. Grâce à cette loi suprême, il y avait parmi les juifs peu de scrofules, point d'épilepsie ni de phtisie héréditaire.

» Tout cela était bel et bien pour les temps passés, mais tout cela a disparu aujourd'hui dans les pays où les juifs sont émancipés.

» Nos juifs n'observent ni l'une, ni l'autre de ces lois. Nos élégantes ne connaissent même plus le mot hébraïque pour la questi n d'abstinence.

» Alors, de quoi accusez-vous les juifs ? D'être une race supérieure envahissante, qu'il faut comprimer et mettre à votre niveau ?

» Mais nous sommes aussi bêtes, aussi méchants, aussi chauves, aussi débauchés que vous. Nos fils sont des petits crevés comme les vôtres, gaspillant l'argent gagné par leurs pères, avec des cocottes, ou au baccarat, ou aux courses, et ne se mariant que pour la dot, alliant leur fin précoce au commencement de leurs innocentes épouses. Nos juives, pas plus que vos femmes n'ont lu un chapitre de la Bible... Toute proportion gardée, elles sont peut-être un peu plus charitables, mais sont-elles moins adultères que les vôtres ? Nos comédiennes, en fait de mœurs dament plus d'un pion aux vôtres. Nos familles, depuis qu'elles sont riches, sont aussi désunies que les vôtres. Les riches n'ont pas d'enfants, ils n'ont que des héritiers. Nos millionnaires, comme les vôtres, achètent des bibelots et des tableaux cent et deux cents mille francs, que je n'achèterais pas cent mille sous. Ils font courir leurs chevaux, leurs maîtresses et leurs lièvres, comme les vôtres ; ils sont aussi vains, sinon plus futiles que les vôtres. Nos journalistes n'ont plus de style, ni plus d'esprit, ni plus de caractère que les vôtres. Nos députés et ministres enfin, sont aussi médiocres, aussi infatués que les vôtres. De quoi vous plaignez-vous ? » (H.)

LES SUPERSTITIONS

On a beaucoup raillé les Israélites d'Oran, l'an dernier, dans les journaux d'Oran et aussi dans ceux d'Alger, à l'occasion d'un ruban bleu que quelques-uns portaient comme préservatif du choléra qui s'annonçait. Nous ne savons si le fait est vrai et ne voulons pas le nier.

Il y a chez les Israélites, comme ailleurs, des ignorants ; le judaïsme a ses superstitions et même certaines pratiques dont les libres-penseurs ont le droit de rire.

Les juifs, pas plus que les musulmans, pas plus que les catholiques n'en sont exempts.

Les musulmans ont pas mal de marabouts sur la tombe desquels ils vont prier quand ils craignent que la sécheresse ne soit la cause de la perte des récoltes, et ils ont la ferme confiance que cette démarche de leur part leur amènera d'abondantes pluies. Ces marabouts font bien d'autres merveilles encore. Le colonel Trumelet et le commandant Rinn en ont cité un grand nombre, le premier dans les *Saints de l'Islam*, le second dans son *Étude sur les Khouans*.

Nous n'avons pas besoin de rappeler qu'une infinité de catholiques français s'en vont tous les ans en pélerinage à Lourdes où il y a une statue de la vierge Marie qui guérit les paralytiques ; à Marseille, il y a eu une émeute l'an dernier parce qu'on voulait faire une procession à l'effet de demander l'intervention divine pour la cessation du choléra, et le maire d'Aix, pour éviter l'émeute a dû en autoriser une.

A Naples, on a espéré — en vain hélas! — en saint Janvier pour combattre le choléra.

Pourquoi les juifs n'auraient-ils pas aussi leurs supers-titions?

Il leur reste l'avantage sur les musulmans et les catho-liques de ne pas se servir d'intermédiaires, marabouts ou saints, et de s'adresser directement à Dieu.

Pourquoi n'y en aurait-il point parmi eux comme parmi nous, croyant naïvement qu'un ruban rouge ou bleu au bras les fera remarquer par le Dieu d'Israel ?

S'il n'en était pas ainsi, notre amour-propre de Français d'origine en serait froissé; nous ne voudrions pas que les juifs fussent seuls exempts de superstition, et nous ne sommes pas fâché de savoir que ce n'est pas seulement chez les catholiques que se trouvent des ignorants croyant à la puissance d'un scapulaire ou d'un talisman, sous la forme d'un ruban.

Les superstitions disparaitront chez les israélites comme chez les catholiques avec le développement de l'instruction.

Mais les radicaux anti-sémites d'Alger, qui voient une paille dans l'œil des Israélites et ne peuvent pas distin-guer une poutre dans celui des catholiques, n'ont pas pris garde qu'à Oran, le ruban au bras droit n'a pas empêché les israélites de faire d'abondantes aumônes pour les cholériques de Marseille, de Toulon et d'Oran, donnant ainsi un bon exemple à leurs concitoyens d'Oran.

L'INSTRUCTION PUBLIQUE DES ISRAÉLITES

Entr'autres erreurs que les intransigeants d'Alger se plaisent à répandre depuis que pour venger leurs défaites électorales ils sont devenus anti-sémites, se trouve celle relative à la prétendue ignorance, au défaut absolu d'instruction des israélites : « sauf quelques rares exceptions disent-ils, les israélites ne savent pas notre langue ; ils parlent l'arabe, souvent même l'hébreu, mais ne parlent pas le français. »

Ce ne serait certainement pas une raison pour leur contester le titre de citoyen français, puisqu'en France même la connaissance de la langue française n'est pas une condition absolue pour jouir des droits politiques. Il ne manque pas de Français, et de très bons Français en Alsace, en Bretagne, dans le pays Basque, les Alpes-Maritimes et la Corse qui parlent plus aisément l'allemand, le celte, le provençal et l'italien que le français.

Les juifs parlent et écrivent l'hébreu qui est leur langue religieuse absolument comme chez nous on parle le latin qui est aussi la langue religieuse des catholiques. Nous ne voyons pas grand mal à cela, et puisqu'ils peuvent apprendre facilement cette langue, que l'on dit très compliquée, il ne doit pas leur être difficile d'apprendre la nôtre.

Il est également vrai qu'ils parlent l'arabe, qui jusqu'au 24 octobre 1870 a été leur langue maternelle. Nous n'y voyons pas non plus grand mal, puisque c'est une langue dont le Gouvernement favorise l'étude en accordant des primes et de l'avancement aux fonctionnaires et agents qui peuvent s'en servir.

Mais il n'est pas vrai que les israélites ne sachent pas le français; la vérité est que ce sont ceux qui ne savent pas s'exprimer en français qui forment l'exception; quant à ceux qui le parlent et l'écrivent, ils sont assurément plus nombreux parmi les israélites algériens que parmi nos paysans de France, et je pourrais presque affirmer qu'il en est à peu près de même, vis-à-vis de nous Algériens, qui nous montrons si fiers de notre instruction primaire et du rang que nous occupons parmi les nations qui s'occupent de l'enseignement du peuple.

Pourquoi en serait-il autrement ici qu'en France ? Est-ce que les juifs n'ont pas montré dans tous les temps du goût pour les sciences et les lettres ?

Qui ne sait que pendant que l'Europe était plongée dans la barbarie, on voyait fleurir en Espagne les écoles juives de Grenade, de Cordoue, de Barcelone ?

Qui ne sait que les docteurs juifs avaient le monopole de la médecine et que c'est à eux qu'on doit la fondation de l'école de Montpellier ?

Et, de nos jours, n'avons-nous pas vu en France les Juifs, émancipés par la Révolution, s'emparer avec ardeur des professions libérales et figurer en grand nombre, au premier rang, dans les lettres, les arts et les sciences ?

Il est vrai que les anti-sémitiques de l'Algérie font, quand besoin est, une distinction entre les Israélites français nés en France et ceux nés en Algérie ; ceux-ci, d'après M. Basset et ses amis, sont très inférieurs à leurs coreligionnaires de la métropole.

Pourquoi ?

Qu'ils soient moins instruits, moins civilisés que leurs coreligionnaires de France, cela peut s'admettre. Il y a encore en France des populations chrétiennes plus arriérées que d'autres. Les Juifs de France sont naturalisés depuis bientôt un siècle, et rien, en effet, ne les différencie plus des autres Français ; les Israélites algériens ne sont citoyens français que depuis quinze ans, et l'on peut dire que, proportion gardée, ils ont marché plus vite que leurs frères de France.

D'ailleurs, puis qu'ils sont de la même race et suivent les mêmes préceptes religieux, ils doivent avoir les mêmes qualités et les mêmes défauts.

Il y a d'autres raisons aussi pour que la masse de la population juive ait appris tout d'abord à s'exprimer en français.

C'est son intérêt commercial.

On nous dit que tous les Juifs font le commerce et qu'ils s'y enrichissent. Mais, pour réussir dans le commerce de détail, il faut parler la langue de l'acheteur ; et c'est parce que les Juifs parlent l'arabe et le français que l'on voit les Français et les Arabes s'approvisionner dans leurs boutiques.

Mais il n'est pas absolument nécessaire de parcourir les magasins juifs, pour s'assurer que les Israélites parlent assez bien la langue française, les Israélites de l'Algérie ne sont pas tous commerçants, quoiqu'on en ait dit ; on en trouve et en grand nombre, ailleurs que dans les magasins.

M. Jean Bernard, un rédacteur de la *République radicale*, qui vint un jour se fourvoyer à Alger, dans le milieu de cinq ou six jeunes professeurs de radicalisme, retourna en France, avec la conviction que tous les musulmans étaient bacheliers ès lettres et les Juifs illettrés, parce que l'un des amis de M. Basset, lui avait fait connaître un musulman, ancien boursier, parlant latin, qu'on lui présenta même, croyons-nous, comme un descendant des rois de Grenade, et lui avait en même temps montré un jeune Israélite qui vendait des allumettes.

On avait oublié de lui dire que les Juifs indigènes d'Alger, ses concitoyens, figuraient en grand nombre parmi les magistrats, les officiers ministériels, les médecins, les ingénieurs, les interprètes militaires, les peintres et aussi parmi les avocats et les journalistes, ses confrères.

On avait également oublié de lui dire, que dans un ordre moins élevé, moins officiel, de nombreux Juifs gagnaient leur vie, dans les études de notaires, d'avoués, d'huissiers, comme clercs, et dans beaucoup de maisons de banque et de commerce comme teneurs de livres, caissiers ou simples commis.

Et il faut savoir lire et écrire le français pour occuper tous ces emplois.

Il y a mieux que cela à dire, pour établir le degré d'instruction des Israélites, on peut consulter les statistiques, relever les chiffres officiels et voir dans quelle proportion, les écoles sont fréquentées par les divers éléments de la population algérienne.

Il est certain que les Israélites algériens, ont bien avant le décret de naturalisation fréquenté nos écoles. On ne peut s'expliquer autrement le nombre considérable d'entr'eux exerçant depuis longtemps des professions libérales, ainsi que nous l'avons dit plus haut. Mais sans remonter aux premières années de la conquête, ce qui serait fort inutile, on peut jeter un coup d'œil sur les statistiques établies depuis 1871 et constater les progrès accomplis.

On y verra qu'en 1872 le nombre des élèves français d'origine était dans les lycées et collèges de 1 sur 88, tandis qu'il n'était que de 1 sur 111 chez les Israélites, mais qu'en 1881, la proportion était renversée, et que tandis que les Français d'origine inscrits dans les établissements d'enseignement secondaire n'était plus que de 1 sur 90; les Juifs que M. Jean Bernard veut qu'on envoie à l'école, y figuraient dans la proportion de 1 sur 88.

Ainsi les-Israélites qui reçoivent l'enseignement secondaire sont plus nombreux en Algérie, qu'en Russie, où l'on
ne trouve dans les lycées qu'un Russe sur 800 ; qu'en Espagne où l'on ne trouve qu'un élève sur 575 habitants, qu'en
Autriche où il n'y en a qu'un sur 416, qu'en Italie où la
proportion est de 1 sur 896, qu'en France même où elle
n'est que de 1 sur 240, tandis qu'en Allemagne elle est de
1 sur 200, et en Grèce de 1 sur 156.

La même supériorité se remarque pour l'enseignement
primaire où l'on constate la présence de 1 israélite sur 5
dans les écoles, alors que les Français n'y figurent que
dans la proportion de 1 sur 8.

Ainsi les Israélites que l'on prétend si rebelles à notre
civilisation et auxquels de soi-disant radicaux voudraient
pouvoir retirer les droits politiques, font une réponse topi-
que à leurs ignorants détracteurs par les chiffres qu'on
vient de lire et qu'on peut vérifier aux notes de la fin du
volume.

Les Français d'origine eux-mêmes sont dépassés par
les Israélites. Plus nombreux dans les lycées, ils le sont
encore dans les écoles primaires. Le cinquième de la population israélite c'est-à-dire tous les enfants israélites,
apprennent notre langue, notre histoire, et dans quelques
années les gens instruits, les électeurs conscients, seront
plus nombreux chez eux, que chez les Français d'origine. (I.)

LES JUIFS

PEUVENT-ILS ÊTRE AGRICULTEURS ?

Les Juifs ne sont pas agriculteurs, dit-on.

Il en est de cette accusation comme des autres.

Les Juifs, dans l'antiquité, étaient agriculteurs ; l'agriculture était leur principale profession. Ils ont cessé de cultiver la terre quand il ne leur a plus été permis de la posséder. Qui donc ignore qu'aux époques des grandes persécutions et quand arrivèrent les édits d'expulsion, en France, comme en Espagne et dans toute l'Europe, on ne leur laissait pas le temps de vendre leurs biens immobiliers, et que, riches la veille, on les voyait défiler sur les routes, misérables, implorant des secours qui leur étaient impitoyablement refusés au nom de la charité chrétienne ?

Qui donc ignore aussi que, même aujourd'hui, dans beaucoup de contrées de l'Europe, il leur est interdit d'acquérir des propriétés immobilières et, par conséquent, de se livrer aux travaux des champs ?

Il ne pouvait en être autrement en Algérie, au moment de la conquête. Les musulmans professaient un mépris égal pour les chrétiens et les juifs, et les uns et les autres ne pouvaient devenir propriétaires de biens ruraux ; mais les chrétiens qui n'étaient pas esclaves étaient en bien petit nombre, tandis qu'il y avait beaucoup de juifs, auxquels il était permis d'exercer le commerce et quelques industries qui répugnaient aux maîtres du pays ; mais aux Juifs l'agriculture était interdite.

Mais, il y a 55 ans de cela ; les interdictions qui existaient alors ont disparu ; les Français-chrétiens ont fait d'importantes créations agricoles ; de nombreux colons sont venus, « et, disent les anti-sémitiques, les Juifs n'ont pas suivi l'exemple qui leur était donné ; les grandes propriétés rurales que les Arabes ne possèdent plus appartiennent à des chrétiens ; les villages nouvellement créés ne sont peuplés que de chrétiens. »

C'est, en effet, ce qui frappe l'attention de prime-abord.

Comment se fait-il que dans les nombreux villages dont les terres ont été concédées à titre gratuit, on ne trouve pas un seul juif propriétaire ?

Serait-ce que les Israélites poussent le dédain pour l'agriculture au point de refuser le don gratuit des terres de culture ?

Non. Les Juifs ne sont pas propriétaires ruraux ; du moins, les propriétaires ruraux ne sont pas en aussi grand nombre chez eux que chez nous, parce que l'administration française elle-même, les empêche de le devenir ; parce qu'on leur a toujours refusé de les faire participer à la distribution des terres à concéder.

Parce que, chose étrange ! en plein dix-neuvième siècle, sous le gouvernement républicain, et malgré leur qualité de citoyen français, on a renouvelé pour eux en Algérie, les anciennes interdictions d'acquérir des propriétés rurales.

Il est défendu par un décret loi aux administrateurs de ce pays, d'accorder aux citoyens français, nés en Algérie, de parents israélites, la moindre concession de terres ; et on a une telle peur de voir l'Israélite devenir propriétaire rural et par suite agriculteur, que la haute administration algérienne, a fait décider par décret, que les colons chrétiens concessionnaires, ne pourraient aliéner leurs concessions au profit d'un Français né en Algérie dans la religion israélite.

On ne leur défend pas d'acquérir, mais on défend aux colons de leur vendre.

Et si l'on veut bien se souvenir que la propriété indigène non constituée n'est pas aliénable, on comprend aisément qu'il est beaucoup plus difficile aux citoyens français israélites, de devenir propriétaires ruraux, moyennant finances, qu'aux citoyens français chrétiens, sans bourse délier.

« Que les juifs deviennent producteurs, disait un journal anti sémitique d'Alger, — le *Petit Colon*, — et alors nous croirons qu'ils s'assimilent véritablement à la majorité des Français, qui leur reproche avec raison, de se confiner obstinément dans les commerces et métiers parasites. »

Mais, lui fut-il répondu par nous, dans la *Solidarité*, pour être producteur, il faut avoir des terres à soi, et le *Petit Colon* n'ignore pas que l'accaparement des terres est l'un des griefs que l'on fait valoir contre nos concitoyens de race juive. On leur fait le reproche de dédaigner l'agriculture et l'on voit avec déplaisir, qu'ils achètent des terres. Bien plus, par imitation des nations qui ont conservé les préjugés anti-semitiques et en violation du principe d'égalité, inscrit au frontispice de notre constitution, le gouvernement français les a exclus du droit d'obtenir des concessions de terres : ce droit qui existe pour les étrangers qui se font naturaliser, leur est absolument refusé ; ils ne peuvent pas même se rendre acquéreurs de terres concédées.

Singulier moyen, on en conviendra, de leur inspirer le goût de l'agriculture.

Et pourtant, malgré tant d'obstacles, il y a encore pas mal de juifs, propriétaires ruraux.

Beaucoup exploitent eux-mêmes leurs terres, et l'on en pourrait citer qui les cultivent avec une intelligence qui a été officiellement reconnue à diverses reprises.

Nous n'avons pas les éléments nécessaires pour détermi-
ner d'une façon précise la superficie des propriétés rurales
des Israélites en Algérie, les sommiers de consistance du
cadastre, ne faisant pas connaître la religion ou la nationalité des propriétaires. Nous ne croyons pas cependant
exagérer en énonçant le chiffre de dix mille hectares dans
la province d'Alger, et nous sommes certain d'être au-
dessous de la vérité, en portant à cinq mille hectares
dans la province de Constantine et à douze mille hectares
dans celle d'Oran, les terres que les Juifs possèdent, qu'ils
font valoir par des fermiers ou qu'ils cultivent eux-mêmes.

Il y a même dans la province d'Oran un juif, M. Karouby, qui a reçu plusieurs médailles d'honneur dans diverses expositions agricoles. M. Karouby qui a, jadis, été
Président du Consistoire d'Oran, a créé une véritable
ferme modèle d'environ mille hectares, dans laquelle tous
les produits du pays sont cultivés.

Les vignes qui y sont nombreuses donnent un vin de
choix ; cet Israélite fait travailler constamment une
vingtaine de familles dans les fermes et une centaine
d'ouvriers sur ses terres, dont la plupart sont Espagnols,
« si bien — disait un jour Adolphe Crémieux — que
» l'Israélite, dont les aïeux furent chassés d'Espagne, sous
» le règne de Ferdinand et d'Isabelle, a reçu du gouver-
» nement espagnol la croix de Ferdinand et Isabelle ! »

Attendez un peu ; faites disparaître les barrières que
vous avez vous-mêmes établies ; vendez les terres à qui
voudra les acheter, juifs ou chrétiens, et surtout n'empê-
chez point les chrétiens et les Arabes de les revendre aux
Israélites, et vous verrez bientôt ces derniers devenir agriculteurs, comme ils sont devenus soldats, industriels,
savants et artistes.

L'ESPRIT MILITAIRE DES ISRAÉLITES

Les Israélites de l'Algérie, sont-ils comme le prétendent leurs détracteurs, incapables de tout service militaire ?

Est-il vrai que leur loi religieuse soit un obstacle ?

C'est encore là un préjugé démenti par les faits, dans le passé et dans le présent, dans l'ancienne Judée comme dans la France moderne, comme en Algérie.

Voyons d'abord, et en quelques lignes, l'histoire des Juifs aux temps bibliques et pendant les premiers siècles de l'ère chrétienne.

Il y a plus de trois mille ans que les Juifs se constituèrent en nation régulière sur le territoire de l'Asie mineure, que nous appelons la Palestine ; ils furent d'abord gouvernés par les principaux d'entre eux, sous le nom de « Juges » ; le régime républicain dura quatre cents ans au bout desquels la terre de Chanaan, forma les deux royaumes, qui durèrent cinq cents ans.

Pendant les neuf siècles de République et de monarchie les Israélites ne furent exempts d'aucune des vicissitudes communes à toutes les nations ; leurs guerres avec les barbares qui les avoisinaient furent nombreuses. Tour à tour vainqueurs ou vaincus, ils conservèrent leur indépendance pendant neuf cents ans.

Il arriva un moment pourtant où malgré son héroïsme, le petit peuple juif dût subir la règle commune d'une époque, où la guerre entre les peuples était à l'état de permanence où les forts se jetaient sur les faibles pour les piller ; le royaume d'Israël fut conquis par les Assyriens et cent trente ans plus tard celui de Judée, fut asservi par les

Babyloniens ; la population israélite fut toute entière transférée sur la terre des vainqueurs.

Tout n'était pas fini pour cette race, les rois Perses devenus les maîtres de l'Empire de Nabuchodonosor, rendirent aux Juifs leur pays de Judée et de nouveau, pendant une période de cinq siècles, ceux-ci figurèrent dans le monde comme une nation distincte.

Ainsi, les Juifs, auxquels on conteste à Alger l'esprit militaire, ont su maintenir leur nationalité pendant quatorze siècles.

Y a-t-il dans notre vieille Europe, beaucoup de peuples qui aient été gratifiés d'une vie aussi longue ? Aucun d'eux n'a, comme les Juifs, une origine unique.

N'est-il pas vrai que, pour exister à l'état de nation régulière pendant quatorze cents ans, il fallait que l'esprit militaire fut bien développé ?

Et, quand après avoir été vaincus, comme tous les peuples du monde connu, par les Romains, les Juifs se révoltèrent contre les tyrans que Rome leur envoyait ; faut-il rappeler la lutte mémorable qu'ils soutinrent contre la puissance romaine et qui se termina par la destruction de Jérusalem ?

Je ne sais si Messieurs les anti-sémites ont lu l'histoire, mais, quand ils accusent la race juive de n'avoir jamais eu l'esprit militaire, ils témoignent de leur ignorance ou de leur défaut de mémoire ou de leur mauvaise foi, car l'histoire nous enseigne que les Juifs qui soutinrent ce siège mémorable, avaient juré de chasser l'ennemi ou de périr jusqu'au dernier, et qu'ils tinrent parole. Ils succombèrent après avoir combattu pendant cinq ans. La population de la Judée était alors de trois millions d'habitants, dont les deux tiers périrent ; le million restant fut vendu ou exilé ; un tout petit nombre restèrent dans leur patrie.

Et, cependant, quoique dispersés et réduits en esclavage, les Juifs ne perdaient pas l'espoir de reconstituer leur ancienne patrie, et quand sous l'Empereur Adrien, un de leurs grands hommes, Barchochebas, fit appel à leur patriotisme, il put en un clin d'œil rassembler autour de lui tous les débris épars des enfants d'Israël. Ce peuple dispersé en cent lieux différents, franchit les obstacles et les distances, se réunit en une masse importante, retrouva comme par enchantement, tout l'appareil de sa grandeur passée et opposa pendant trois ans une résistance telle à ses vainqueurs, qu'à un moment donné Adrien, écrivant au Sénat, n'eut pas le courage de faire précéder sa lettre de la formule ordinaire : « Si vous et vos enfants êtes en » bonne santé je m'en réjouis, moi et l'armée sommes en » bon état. »

Nous ne croyons pas qu'on puisse comparer nos guerres contemporaines, mêmes les plus sanglantes, avec celles des Juifs contre les Romains. Nous ne croyons pas, non plus, qu'un autre peuple ait fait preuve de plus de patriotisme et d'héroïsme militaires que les Israélites.

Napoléon avait vu les Israélites accourir dans ses armées; la plupart s'y étaient couverts de gloire et quelques-uns d'entr'eux étaient parvenus aux grades les plus élevés.

Mais il n'est pas nécessaire de remonter aussi loin dans le passé. Les temps modernes nous ont fourni la preuve que les Israélites avaient conservé leur virilité à travers les âges, et, qu'ils savaient devenir soldats quand ils avaient une patrie à défendre.

Lorsqu'en 1791, il fut proposé d'accorder aux Juifs de l'Alsace et du Midi, les droits politiques et civils dont allaient jouir les citoyens français des autres cultes, les hommes rétrogrades s'effarouchèrent et, comme les anti-sémites d'Alger devaient le faire, quatre-vingt-dix ans plus tard, ils prétendirent que les Israélites étaient dépourvus de toute capacité militaire. Ce furent les grands orateurs de l'Assemblée constituante, les Clermont-Tonnerre, Mirabeau, Grégoire, Rabaud Saint-Etienne qui firent adopter la belle proposition de M. de Castellane qui devint l'article 10 de la déclaration des Droits de l'homme.

Le temps a fait justice de ces calomnies en ce qui concerne les Juifs de la Métropole. Devenus citoyens français, on les vit accourir en foule dans les armées de la République et du premier Empire ; la plupart s'y couvrirent de gloire et quelques-uns d'entr'eux parvinrent aux grades les plus élevés de la hiérarchie militaire.

L'esprit militaire n'a cessé de se développer depuis l'Empire et en même temps que beaucoup d'Israélites français se faisaient une place distinguée dans les lettres, les arts et les sciences, on en a vu un grand nombre figurer avec honneur dans tous les corps de l'armée.

« La France continentale, disait l'an dernier le journal « l'*Armée française*, compte environ 85,000 Israélites » originaires pour la plupart de l'Alsace et de la Lor- » raine. Il y a cinquante ans à peine des désordres qui » rappellent ceux d'Alger, mêmes récriminations suivies » de scènes analogues de pillage, troublèrent une partie » de l'Alsace.

» Les Juifs étaient indignes de porter les armes. Une » famille fort maltraitée quitta à cette époque (1832) un » village du Haut-Rhin pour se réfugier dans la ville. » Quelques années se passèrent, le chef de la famille en- » voya son fils à l'école militaire de Saint-Cyr. Le fils » blessé grièvement comme capitaine des zouaves à Ma- » lakoff, est aujourd'hui général de division.

» Dans cette même famille juive, il y a deux comman- » dants, un officier, trois chevaliers de la Légion d'hon-

» neur et même un commandeur de l'ordre de Saint-
» Grégoire-le-Grand.

» Dans la première section de l'état-major général il y
» a deux généraux de division juifs.

» Il est bon de constater que les Juifs figurent, dans
» une proportion aussi considérable encore, parmi les
» officiers supérieurs et subalternes. »

Pendant la dernière guerre et en dehors de l'armée régulière, les Juifs de France ont afflué de tous les points
du territoire pour servir comme volontaires.

Combien se sont distingués dont nous ignorons les noms.
L'un d'eux, Franchetti, fut tué glorieusement à la tête des
éclaireurs volontaires de la Seine; un autre, Gustave
Wahl, qui fait partie de notre Conseil municipal d'Al-
ger, a été décoré pour sa belle conduite au siège de
Belfort où il fut blessé deux fois.

Son frère dont nous nous honorons d'être l'ami, a été
aussi des nôtres, le mauvais état de sa santé l'a forcé de
quitter l'armée régulière où il avait gagné les épaulettes
de capitaine et la croix de la Légion d'honneur.

C'était un Juif aussi et un radical, un vrai celui-là, que
Gaston Crémieux, qu'une réaction impitoyable fit fusiller,
à Marseille. Ce n'était point un militaire, il est vrai, mais
il n'en mourut pas moins en héros !

Mais si dans le passé, les Juifs montrèrent les qualités d'une nation militaire et, si après de longs siècles
de servitude on les a vus, en Europe, prendre le goût des
armes aussi promptement dans les pays où on le leur a
permis, il ne semble pas possible qu'il en soit autrement en
Algérie, puisque l'on assure que les Juifs ne se sont jamais
mêlés aux autres peuples par le mariage, et, que les Juifs
de ce pays sont de la même race que ceux d'Europe.

Et en effet, en Algérie comme en France, les Israélites

devenus citoyens français, ne se sont pas bornés à s'instruire dans nos écoles, à parler notre langue, à adopter les professions libérales, ils sont aussi venus très volontiers dans nos régiments où ils ont fait très bonne figure pendant la guerre, soit en France, contre les Allemands, soit en Algérie, contre les insurgés indigènes. Ils n'avaient même pas attendu la naturalisation collective de 1870, pour donner des preuves de leur dévouement à la France et de leur courage, et l'on peut dire que cette naturalisation avait été conquise, avec le sang versé pour notre cause, par quelques-uns d'entr'eux.

C'étaient certes des militaires, ces interprètes de l'armée d'Afrique si souvent à la tête des goums, dont, sur 200 environ, 59 ont mérité la croix de la Légion d'honneur et 9 ont été tués devant l'ennemi. Eh ! bien, il est bon que nos anti-sémites d'Alger sachent que 33 de ces interprètes étaient Israélites, que 8 de ces derniers ont été décorés et que, sur les 9 interprètes qui ont été tués par les Arabes, trois étaient Israélites indigènes.

Cohen Solal, tué à l'attaque de Mostaganem en 1833 ;

Isaac Lévy, fait prisonnier à l'affaire de Sidi-Brahim, retombé entre nos mains, mortellement blessé par les Arabes, le 13 mai 1846, à la suite de la razzia faite sur l'émir Abdelkader par le général Yusouf, au sud de la Zebkhat Zar'ez. On le trouva, dit M. Féraud, dans un livre sur les interprètes militaires, percé de trois coups de feu sur le champ de bataille de Mengren, et on l'enterra au bivouac de Merjerdel chez les Oulad Naïl, au sud du lac oriental du Zar'ez ;

Enfin Ayas, blessé grièvement d'un coup de feu à la cuisse dans un combat contre Bou-Maza, mort des suites de ses blessures, en 1846.

Ayas, dit le biographe des interprètes militaires, s'est

signalé, dans sa carrière, par de nombreux faits de guerre, réputation de bravoure justement acquise dans les expéditions de la province d'Oran — plusieurs blessures, — capture d'un lieutenant d'Abdelkader.

Voici maintenant, ce que disait à son sujet, un rapport officiel de 1845, du Colonel Mellinet :

Je signale encore à toute votre bienveillance, M. Ayas, interprète, qui, constamment à mes ordres, a fait preuve d'une bravoure vraiment remarquable en tuant cinq Arabes dans le moment le plus difficile de l'action, qui, je vous l'assure, était extrêmement chaude et vigoureuse, ainsi que le prouve le chiffre de nos pertes, comparé à notre effectif.

Colonel MELLINET.

Nous voudrions bien savoir si, parmi les manifestants de juin 1884 et même parmi ceux qui les excitaient, il y en avait un seul qui ait mérité des éloges semblables à ceux que le colonel Mellinet adressait, en 1845, à l'interprète Ayas, juif non encore naturalisé.

N'était-ce pas avec raison qu'en 1865, M. Delangle, dans un rapport au Sénat, disait : que parmi les illustres capitaines qui ont commandé les armées d'Afrique, et que le Sénat comptait alors dans ses rangs, il n'en était aucun qui n'eut témoigné des services rendus par les Israélites algériens ?

Si les Israélites indigènes ont rendu des services militaires en Algérie, alors qu'ils n'étaient pas encore citoyens français, ils doivent en avoir rendu depuis que cette qualité leur a été conférée.

Assurément, et comme nous l'avons dit plus haut, les Israélites algériens firent très bonne figure dans nos régiments de France pendant la guerre d'Allemagne, et, en Algério, pendant la période de l'insurrection arabe ; il ne faut pas oublier que ceux qui s'enrôlèrent le firent très volontairement puisque ce n'est qu'à partir de 1874 que le service militaire a été imposé aux Français habitant l'Algérie.

On en vit dans toutes nos armées de la Loire, de l'Est, et aussi dans les bataillons de Garibaldi. Quelques-uns versèrent leur sang pour la France et ne revirent plus le pays où ils étaient nés. Quelques-uns ont laissé des souvenirs de leur bravoure, entr'autres les frères Abourlé qui, soldats volontaires, marchaient ensemble avec un courage qui excitait l'admiration ; l'aîné fut tué glorieusement, et l'autre reçut les galons de caporal sur le champ de bataille.

Je puis citer aussi le jeune Seror qui, en quelques mois, parvint au grade de capitaine et fut décoré.

Ils se conduisirent tout aussi vaillamment en Algérie.

Voilà ce que disait à ce sujet M. Crémieux, l'auteur du décret de naturalisation :

« A Oran, sur cent Juifs faisant partie de la milice, 50
» à 60, à Alger 280 à 300 ont été désignés pour les rangs
» de la garde mobile. Pendant qu'un grand nombre de
» Chrétiens s'évertuaient à trouver des moyens *d'exemp-*
» *tion*, PAS UN ISRAÉLITE N'A RÉCLAMÉ.

» Il n'en a pas été de même à Constantine ; ils ont fait
» comme les Chrétiens, tentant de se faire exempter ;
» mais de tous ceux qui ont été désignés, *pas un n'a man-*
» *qué à son devoir.* Ils ont tous fait leur service ; ils ont
» vécu avec les autres sous la tente. Tous ont fait les
» trois sorties qui ont été commandées.

» A Milah, ils se sont vaillamment comportés et quand,
» protégeant des colons attaqués dans les environs de
» Sétif, une troupe de braves miliciens les arrachait aux
» fureurs des Arabes, un soldat, brave parmi ces braves,

» fut signalé *seul* par le commandant de la milice de
» Sétif et, ce soldat, c'est *un citoyen français du 24 octo-*
» *bre*, un Israélite nationalisé. Il se nomme SFAR ! »

Il va sans dire qu'aucun Israélite n'a fait la moindre
réclamation contre l'année de service que la loi de 1875
impose aux Français d'Algérie et l'on sait combien cette
loi a soulevé les critiques des Français d'origine, qui pré-
tendaient que la colonisation serait compromise par cette
charge imposée aux Algériens.

Les Israélites n'ont rien dit, ils n'ont pas même protesté contre leur envoi dans les garnisons de la Métropole,
tandis que leurs camarades chrétiens restaient en Algérie
tout près de leurs familles. Ils n'ont pas refusé de manger
à l'ordinaire comme les autres chrétiens, parce que, quoi
qu'en disent leurs détracteurs, « l'Israélite appelé au ser-
» vice militaire est dispensé, par la loi religieuse, de toutes
» les obligations religieuses qui ne peuvent se concilier
» avec lui. » (Décision du grand Sanhédrin.)

On n'en a vu aucun manquer à la discipline et se plaindre de ses chefs par la voie de la Presse ou autrement.

L'épreuve est faite. Il n'est plus permis de dire que le
courage fait défaut à la race juive, aux Israélites algériens ; et, au besoin, les jeunes Israélites savent en fournir
de nouvelles preuves, en adoptant même nos préjugés sur
le duel.

LA VIE A PART DES ISRAÉLITES

Nous avons entendu souvent faire le reproche aux Juifs de ne se marier qu'entr'eux, de se faire une vie à part et de constituer ainsi une sorte de nation dans la nation.

Il y a du vrai dans cette accusation, en ce qui concerne les mariages ; mais on oublie trop que ce reproche peut aussi être adressé aux Français d'origine, même parmi ceux qui professent le même culte. On ne voit pas beaucoup de mariages dans la Métropole entre Bretons et Provençaux, entre Basques et Alsaciens. On épouse sa *payse*. Il est extrêmement rare que les Corses des deux sexes s'allient à d'autres familles françaises. On ne leur en fait pas un crime.

Mais si les préférences, quand il s'agit d'alliances, sont pour ceux qui ont les mêmes mœurs, parlent le même patois et ont le même accent, elles doivent être et sont en effet bien plus accentuées quand elles sont expliquées par la conformité des croyances religieuses.

La différence de religion est le principal obstacle à la fusion, et l'on ne peut pas dire que cet obstacle vienne plutôt de l'Israélite que du Catholique. Il est tout aussi difficile de décider un Catholique à s'allier avec une Israélite que de décider un Israélite à épouser une Chrétienne.

Même entre Chrétiens de sectes diverses, les mariages ne sont pas communs.

Et cela se comprend.

La différence de religion entre l'époux et l'épouse doit amener des dissensions dans la famille et de grandes difficultés, entre le père et la mère, pour l'éducation des enfants. La Libre-Pensée fera disparaître ces obstacles, mais il faudra du temps, aussi bien en France qu'en Algérie.

Il ne semble pas, d'ailleurs, qu'il soit absolument nécessaire que la fusion s'opère par le mariage pour que l'union patriotique se forme, que l'unité de mœurs se produise. L'unité française existe quoi qu'il y ait encore pas mal de Français qui ne veulent épouser qu'une fille de leur village et de leur religion.

Mais, en dehors de cet obstacle du mariage qui, nous le répétons, est le fait des Catholiques aussi bien que des Israélites, ces derniers s'assimilent à nous, en Algérie, avec une facilité qui aurait même dû exciter notre étonnement, surtout chez ceux d'entre nous qui, anciens dans le pays, ont assisté à cette transformation.

On les voit entrer, avec bonheur et en grand nombre dans les Sociétés philanthropiques, littéraires ou autres qui leur sont ouvertes.

Nous disons qui leur sont ouvertes parce qu'il y en a qui leur sont fermées. Et, en effet, nous pouvons constater que l'on fait aux Israélites le reproche de rester chez eux, alors que, dans beaucoup de cas, c'est nous qui les forçons à agir ainsi.

Il serait bien difficile de démontrer que cet isolement, dont on se plaint, n'est pas de notre fait et qu'il n'est pas imposé aux Israélites. Nous avons fait, il faut le reconnaître, les plus grands efforts pour les éloigner de nous, et, fort heureusement, dans l'intérêt de notre patrie, nous n'avons pas réussi.

Est-ce parce qu'ils ont refusé d'y entrer qu'on ne voit aucun Israélite dans la Société de Tir ? Non, c'est parce que les membres de cette société, refusent systématiquement de les admettre, oubliant le noble but qu'ils poursuivent, celui de familiariser nos jeunes générations avec le maniement des armes et de développer l'éducation militaire des Français d'Algérie au nombre desquels sont les Israélites.

Est-ce que parmi les Juifs d'Oran, il n'y a pas de libres penseurs ? D'où vient qu'il n'y en a point d'inscrits parmi les membres de cette Société à Oran ?

Oui certes, il y a des libres-penseurs parmi les Juifs d'Oran comme parmi ceux d'Alger, mais il n'y en a pas d'inscrits parce que les libres-penseurs enrégimentés d'Oran, qui me paraissent aussi peu libres-penseurs que ceux également enrégimentés d'Alger, obéissant, à leur insu, à leurs préjugés catholiques, refusent l'admission des Juifs dans leur Société et ont même prononcé l'exclusion de ceux qui s'y trouvaient.

Ce ne sont pas les Juifs qui refusaient à Tlemcen de faire partie de la musique municipale et ce ne sont pas eux qui en 1882 demandèrent à être exclus du bal offert par cette congrégation chrétienne.

On n'a pas vu les juifs former une ligue anti-chrétienne et l'on a vu les Oranais former une ligue anti-juive ; on ne les a jamais vus conseiller à leurs coreligionnaires par la voix de la presse, de faire le vide autour des magasins exploités par les catholiques.

Ce ne sont certes pas les conscrits juifs qui voulurent exclure les chrétiens, du bal que le contingent de 1884 voulait donner à la population, et tous récemment nous avons vu un Comice agricole du département d'Alger, exclure de son bureau un de ses membres les plus éclairés parce qu'il était Juif !

Ce désir de devenir Français par les mœurs, l'instruction, la langue, les habitudes, était constaté déjà en 1871, par Flasselière, un républicain aussi honnête que radical; ce qui était beaucoup dire.

« Si descendant l'échelle des illustrations israélites, on
» jette un regard autour de soi, on reconnait, —disait Flas-
» schère, que toute cette jeunesse indigène qui abandonne
» le vêtement traditionnel et les coutumes de ses pères
» pour adopter notre langue, nos mœurs et nos modes,
» qui dans nos écoles et nos lycées, étudie côte à côte
» avec nos fils, est véritablement digne de recevoir le
» bénéfice des droits politiques que le décret lui reconnait
» plutôt qu'il ne lui confère. »

.Que dirait-il si, encore de ce monde, il pouvait constater
les immenses progrès qu'ils ont accomplis.

On a déjà vu combien ils étaient nombreux dans les
lycées, colléges et écoles, et il suffit de regarder autour de
soi pour se convaincre que l'instruction leur a assez profité pour permettre à une grande partie de la génération
nouvelle, d'abandonner le commerce pour les professions
libérales. On en voit beaucoup aujourd'hui figurer au barreau, parmi les officiers ministériels, dans les administra-
tions publiques et dans l'armée ; il y a même des chrétiens
qui s'en plaignent.

On les trouve partout, parmi les membres de la Ligue
de l'enseignement d'Alger, à la Société des Beaux-Arts,
dans les Loges maçonniques, dans les Sociétés de Secours
mutuels, partout enfin, excepté à la Société de Tir, et
nous avons dit pourquoi.

Quel est leur nombre dans les Sociétés de secours mutuels ? Nous voudrions pouvoir donner ce renseignement
pour l'ensemble de l'Algérie, mais ceux fournis par la
statistique générale du Gouvernement de l'Algérie ne
vont pas au-delà de 1881, et sont loin, d'ailleurs, de fournir les éléments nécessaires. Ils nous donnent le nombre
des participants français et israélites, mais pour les membres honoraires, aucune distinction n'est faite quant aux

nationalités. Il n'est donc guère possible de faire une comparaison exacte pour la participation des diverses nationalités dans les dépenses. Mais pour celle des recettes, cette comparaison est impossible :

Étant données les difficultés que rencontrent les Israélites pour se faire inscrire, difficultés quelquefois insurmontables quand leur exclusion est décidée en principe, comme à Oran et ailleurs, on ne peut indiquer le nombre des membres israélites, comme représentant ceux qui ont désiré faire partie de ces sociétés. Ainsi, en 1881, les Sociétés de secours mutuels, comprenaient 168 Israélites participants, mais il est évident qu'il aurait été bien plus considérable si on les avait reçus partout.

Nous sommes donc forcés, en présence de l'insuffisance des renseignements fournis par la statistique officielle, de faire connaître ceux que nous avons pu nous procurer auprès de la Société *la Famille* d'Alger, présidée par M. Robe.

Or, au 15 décembre 1884, la Société de secours mutuels *la Famille* comptait 867 membres, dont 654 Européens et 213 Israélites. Ainsi, dans une ville de 70,000 habitants, sur lesquels il n'y a pas plus de 5,000 Israélites, ils entrent dans la proportion d'un quart dans le chiffre des membres d'une société importante de secours mutuels.

Est-ce-là de l'isolement ?

Les anti-sémites sachant cela ont essayé d'en tirer parti à leur profit; ils n'ont pas hésité à dire que le grand nombre des Israélites dans les sociétés était un calcul de leur part, une nouvelle forme d'exploitation du roumi et, le lendemain du jour où on les accusait de ne pas vouloir se mêler à nous, on conseillait aux sociétés libres d'éliminer tous les sociétaires juifs et de refuser leur admission dans l'avenir.

Voici comment s'exprimait le *Radical algérien* du 15 juillet 1884 :

« Il faut rabattre la suffisance de ce peuple qui ne veut pas abandonner ses mœurs d'un autre âge, ses stupides coutumes et ses traditions de rapacité, qui s'est glissé par toutes sortes de moyens dans nos institutions démocratiques, dans le but de s'insinuer petit à petit dans nos affaires pour mieux faire les siennes.

» La société de secours mutuels, la société philanthropique, a été un terrain particulièrement propice à son esprit envahisseur et intéressé ; aussi trouvons-nous dans presque toutes celles fonctionnant à Alger, une moyenne de soixante Juifs pour cent membres.

» Voilà ce que vous diriez, si vous étiez indépendants, si vous écriviez selon votre conscience ; et tenez, je vais plus loin, je suis même persuadé que vous écririez avec nous :

» Le Juif jouant, dans nos sociétés de secours, le rôle du ver rongeur dans la pomme, il faut l'extirper.

» Les sociétés, libres de leur choix d'admission, doivent, de suite, éliminer tous leurs sociétaires juifs et refuser, à l'avenir, toute admission juive, car c'est par ces sociétés que les disciples du cent pour cent, se sont implantés dans nos affaires et qu'ils sont parvenus — comble de la honte ! — à nous imposer leurs lois dans nos assemblées élues en les émaillant agréablement de Mardochée, Yacob, Chlomou, et autres Juifs de marque qui en font le plus brillant ornement.

» Écartons-les donc de nos sociétés civiles, elles ne seront plus alors un marchepied aux honneurs, à la fortune, aux bons emplois ainsi qu'elles le sont devenues depuis qu'il s'est glissé des Juifs dans leur sein, des Juifs qui les ont démoralisées ; elles redeviendront ce qu'elles étaient, ce qu'il faut qu'elles soient : des institutions démocratiques de secours, des écoles de fraternité. »

Ainsi, d'après le *Radical*, ce peuple qui s'est glissé dans nos institutions démocratiques ne veut pas abandonner ses stupides coutumes, ses traditions Les Juifs jouent dans nos sociétés le rôle de ver rongeur; il faut les en chasser, et après on dira : Vous voyez bien qu'ils vivent éloignés de nous !

Est-il vrai que.les Juifs exploitent les sociétés de secours mutuels dont ils font partie? qu'ils en sont le ver rongeur?

Ce n'est certainement pas la société la *Famille* qui leur fera ce reproche, car, sur les 213 Israélites qui en font partie, 84 seulement sont participants, les 128 autres sont membres honoraires, tandis que sur les 654 Européens appartenant à la société, 223 seulement sont honoraires, ce qui peut se traduire ainsi : sur 100 sociétaires juifs, on trouve 60 honoraires et 40 participants, et sur 100 Européens on ne trouve que 33 honoraires et 67 participants.

La vérité est donc que les Israélites, dans la société *la Famille*, donnent beaucoup plus qu'ils ne reçoivent.

Ils sont d'ailleurs représentés dans le Conseil d'administration par six des leurs, dont un est vice-président honoraire; les sociétaires de la *Famille*, dégagés des stupides préjugés de race, n'ont pas refusé leurs suffrages à ceux de leurs co-sociétaires qu'ils ont jugés dignes, sans s'inquiéter du culte qu'ils professaient, et ils ne se sont pas trompés dans leur choix, puisque parmi leurs élus, le vice-président honoraire a obtenu du Gouvernement une récompense honorifique, et deux autres ont obtenu un diplôme d'honneur pour services rendus à la *Famille*.

CONCLUSION

Y a-t-il véritablement un sentiment de haine contre les Juifs ? Est-il possible que dans ce pays de liberté où l'instruction est plus répandue qu'en France, on ait les préjugés du moyen-âge contre les Juifs ?

Non, le colon français, l'Arabe, ne détestent pas les Juifs qui leur rendent des services ; l'anti-sémitisme n'existe pas, malgré les efforts que l'on a faits pour lui donner naissance.

La vraie raison, l'unique peut-être, des mouvements dont nous avons été les témoins étonnés, on l'a reconnue dans ce court récit. C'est une rancune électorale. Les intransigeants de ce pays, qui se soucient fort peu de la liberté des autres, auraient voulu les écarter du scrutin, soit en leur retirant leurs droits politiques, soit en provoquant des agitations qui les obligent à se tenir éloignés des urnes ; il n'y a pas d'autre motif.

Au début, les Israélites, tout récemment initiés à la vie politique, ont voté avec ceux qu'ils supposaient être les amis de Crémieux, et alors les réactionnaires protestaient contre leur naturalisation; ils ont pu, depuis discerner où était l'intérêt de la patrie commune ; ils se sont fait une opinion moyenne, conservatrice et républicaine, et sans aller vers la réaction, ils ont répudié l'intransigeance. C'est ce que les partis extrêmes ne veulent pas leur pardonner.

Le gouvernement républicain n'est pas sans reproche dans sa conduite vis-à-vis de cette catégorie de citoyens français ; les Israélites ne sont pas traités, par lui, sur le pied de l'égalité avec les autres citoyens français.

Ils sont à peu près systématiquement exclus des emplois coloniaux.

Aucune concession de terre ne leur est donnée et il est même interdit, par un décret, aux colons, de leur vendre tout ou partie de leurs attributions territoriales. On les envoie en France pour le service militaire pendant que les conscrits Français d'origine font leur année en Algérie.

Enfin, dans la crainte d'en voir figurer quelques-uns au Tribunal de commerce, on s'abstient de promulguer la loi de 1882 sur l'élection par le suffrage universel des juges consulaires.

Il est temps de faire disparaître ces inégalités qui font croire aux ignorants qu'il doit y avoir quelque chose de vrai dans les reproches qu'on adresse aux Israélites, puisque le gouvernement lui-même les tient en suspicion.

Nous avons eu pour but, en écrivant les quelques pages qu'on vient de lire, de faire connaître le piège dans lequel quelques hommes haineux, voulaient faire tomber l'intelligente population algérienne et, de détruire aussi les préventions injustes, de quelques-uns de nos concitoyens de bonne foi, envers une race digne de tous nos respects, par son antiquité, sa constance, ses malheurs et sa vive intelligence.

Nous n'aurons pas, sans doute, réussi autant que nous le désirons, mais cela ne nous découragera pas. Nous rappellerons à ce sujet, en terminant, les belles paroles qu'à l'occasion d'un premier janvier, le roi Louis-Philippe adressait au président du Consistoire israélite :

« Ainsi que l'eau qui tombe goutte à goutte finit par » percer le rocher le plus dur, de même l'injuste préjugé » qui vous poursuit s'évanouira devant le progrès de la » raison humaine et de la philosophie. »

NOTES EXPLICATIVES

AVANT L'ÉMEUTE

(.1) Voici quel était, sous forme de lettre, le vœu présenté au Conseil général d'Oran par le docteur Autun :

. Monsieur le Gouverneur,

La prospérité de la colonie française d'Algérie, le peuplement par des Français et la tranquillité de vos compatriotes déjà implantés comme colons ; subissent, de jour en jour, une atteinte plus grave par suite de la faveur inouïe accordée aux Juifs, qu'un décret pris pendant l'année néfaste 1870, a naturalisés en masse.

Il ne peut échapper à personne, que la nation juive n'est pas civilisée, dans le sens qu'attachent à ce beau titre les Européens qui luttent toujours pour réaliser cet idéal.

Le peuple juif est patriarchal, ne reconnaît, en secret, aucune souveraineté et considère toute fourberie louable, quand il s'agit de tromper ceux qui ne pratiquent pas sa religion.

Les fils d'Israël n'affichent pas leurs principes, mais on les connaît assez.

Ils s'adonnent exclusivement, pour ainsi dire, au trafic, à l'usure et aux dépravations mercantiles.

L'Algérie est menacée par suite de l'impéritie de ceux, qui à la sollicitation du Juif Crémieux, ont admis inconsidérément des légions de Juifs, tous parasites, à la naturalisation française, et cela du jour au lendemain, et d'un trait de plume.

Et, pourtant, quand les Français versaient leur sang pour détruire, à Alger, un vieux repaire de pirates, d'écumeurs de mer et de marchands d'esclaves où les Européens captifs était en nombre, que faisaient les Juifs ?

Quand la nation française envoyait ses plus hardis enfants conquérir le sol de l'Algérie et le défricher, dépensant son sang et son argent, que faisaient les Juifs ?

Quand le regretté maréchal Bugeaud soutenait sa belle devise *ense et aratro*.

Chacun sait ce que faisaient les Juifs ?

Depuis 2,000 ans le peuple d'Israël a vécu chez toutes les nations sans y opérer sa fusion, l'histoire nous prouve qu'il a toujours formé, autant qu'il a pu, un Etat dans un Etat. Est-il à dire que le phénomène de fusion précité se produise en Algérie, où, plus qu'ailleurs, les Juifs conservent leurs traditions séculaires d'obscurantisme.

Il nous a donc paru, M. le Gouverneur, que la saine politique doit s'attacher à réduire le nombre des causes qui entravent la colonisation ; c'est pourquoi nous vous signalons celle qui nous frappe, chaque jour, nous, Français, colons d'Algérie, qui n'avons point été consultés avant de subir le décret Crémieux.

Pour éviter, M. le Gouverneur, les représailles qui ont signalé, en Russie, en Prusse, en Autriche, l'animosité, que, partout, où ils sont en nombre, les Juifs ont suscitée contre eux ; nous vous prions de ne point mettre à l'écart les réflexions que nous vous soumettons. La création d'une armée coloniale, recrutée chez les Arabes, est imminente, daignez prévoir M. le Gouverneur, à quelles revendications pourront se livrer les robustes et courageux enfants de l'Afrique, si à la haine traditionnelle du Juif, vient se joindre l'hostilité qui grandit chez les Français, et se trouve déjà efflorescente en Europe.

Si nous avons, en Algérie, tout à craindre du phylloxera, nous avons aussi à redouter les conséquences de ce décret de naturalisation que le Juif Crémieux a fait passer à la faveur des ombres d'une guerre désastreuse pour gâter ici l'avenir des Français trop généreux, au bénéfice des Juifs !

Que si M. le Gouverneur trouvait notre chauvinisme trop net et prévoyant, il veuille bien ne pas oublier que, du chauvinisme, nous en avons besoin.

En reproduisant cette lettre, le journal *la Solidarité* y ajoutait les réflexions suivantes :

« Mais ce qu'il y a de plus extraordinaire, en tout ceci, c'est l'accueil fait à cette singulière proposition.

» Le Conseil général d'Oran l'a prise en considération.

» C'est incroyable, mais, cela est.

» Nous allons donc subir cette honte, nous, les fils de

1789, de voir une assemblée départementale, composée de républicains et de libres-penseurs, discuter comme on vient de le faire au Congrès de Dresde.

» Nous allons subir ce ridicule de voir des citoyens français élus par leurs concitoyens, demander la dénationalisation de trente-cinq mille citoyens français, et, encore, nous courons le danger que, malgré son extravagance, cette proposition soit votée.

» Ce qu'il faut déplorer dans cette excentricité oranaise, ce n'est certes pas le sort réservé aux citoyens français d'origine juive. Ils sont Français, et c'est une qualité qu'ils ne courent point le danger de perdre. Ce qu'il faut déplorer, c'est le mauvais effet que des excitations de ce genre produisent en France. C'est la triste opinion que nous allons donner de nous, en faisant supposer que si on n'abroge point le décret de naturalisation des Israélites, nous pourrions, en Algérie, imiter ce que le docteur Autun appelle des représailles, c'est-à-dire les massacres en masse, les incendies, les viols, les pillages, dont les juifs viennent d'être les victimes en Russie. »

(*Solidarité* du 9 octobre 1882).

L'ÉMEUTE

PATRONS JUIFS

Nous avons eu à signaler plusieurs fois, dans le « Radical », la conduite de certains patrons juifs qui, pour les motifs les plus futiles, renvoient de chez eux, leurs employés français.

En voici un autre qu'on nous signale aujourd'hui; celui-ci est un loueur de chevaux et de voitures.

Samedi, le nommé I.., cocher, depuis sept ans chez notre Juif, s'est vu flanquer à la porte pour avoir REFUSÉ DE BOIRE UNE CONSOMMATION que lui offrait un autre Juif qu'il avait conduit à une noce.

Ce motif nous semblait tellement idiot que nous n'aurions certainement pas ajouté foi au récit qui précède, si le fait ne nous avait été affirmé, non-seulement par le malheureux cocher, mais encore par plusieurs de ses camarades.

(*Radical algérien*).

LA NOTE A PAYER

On fait courir le bruit que M. Jules Grévy, Président de la République, a télégraphié de payer les indemnités réclamées par les Juifs.

Ces indemnités s'élèveraient à 2.800.000 francs.

Nous prions M. Tirman, gouverneur général civil de l'Algérie, de démentir ce bruit qu'on nous affirme être fondé.

(*Radical algérien*).

On lisait dans le « Petit Colon » :

LES JUIFS D'ORAN

« Le bruit circule ce soir à Alger, que les Juifs d'Oran (dont on connaît le fanatisme) excités par le fameux Kanouï, ont envoyé à Alger une délégation POUR ENGAGER LES JUIFS DE NOTRE VILLE A LA RÉSISTANCE CONTRE LE MOUVEMENT.

Nous donnons cette nouvelle sous les plus expresses réserves ; mais NOUS POUVONS ASSURER QUE M. KANOUÏ D'ORAN, EST A ALGER DEPUIS PLUSIEURS JOURS.

M. Kanouï d'Oran est à Alger, en effet, disait la « Vigie ». Il y est arrivé plusieurs jours avant l'émeute, à laquelle personne ne s'attendait. Il n'y a pris aucune part, ni par ses paroles ni par ses actes. Un de nos amis, qui se trouvait, dimanche, au café Grüber, nous rapporte de lui un mot qui mérite d'être cité. Comme quelques individus, en le voyant attablé avec quelques uns de ses coreligionnaires, criaient: « A bas le juif! » Il se retourna vers eux et leur dit: « Pourquoi à bas le juif? Parce que nous avons tué votre Dieu? Eh bien tuez le nôtre et nous serons quittes.

La foule applaudit.

Vous avez vengé l'honneur et le nom français, bafoués et insultés :

Soyez satisfaits !

Et maintenant nous dirons à nos jeunes, certains d'être en cela l'écho de l'opinion publique : Bravo ! vous avez fait votre devoir.

Il n'est pas bon de rester sous l'injure, alors surtout qu'elle s'adresse au drapeau et au nom Français. Vous avez bien fait de les défendre contre les quelques LISBARDS JUIFS qui l'outrageaient, indignes en cela de l'affranchissement qu'ils leur doivent.

L'injure vengée, c'est sur un autre terrain — celui de la discussion et de la protestation — qu'il faut porter vos revendications, sur le droit en lui-même et l'usage ou l'abus qui en a été fait. Il convient de s'habituer à la vie publique, à la libre discussion, à l'expansion, sous toutes ses formes, de la liberté.

Organisez donc des réunions publiques où ces questions de principe, de droit et de liberté seront posées et librement discutées.

L'opinion se dégagera alors, sans pression, sans alliage, libre et d'autant plus imposante et plus forte.

Nous leur dirons aussi :

On repousse la force, par la force, c'est bien, c'est légitime. Le passivisme n'est et ne sera jamais notre doctrine et nous n'aimons pas qu'on tende la joue sous la menace ou l'injure.

Mais il faut rester maître de son droit et ne pas souffrir qu'on l'exploite ou qu'on le dénature.

« N'y entrez pas, faites le vide, n'y achetez rien ! Cela vaudra mieux, et vous resterez dans la Liberté.

C'est un principe essentiel que nous devons tenir à honneur de respecter.

(*Radical algérien*).

On racontait avec complaisance l'anecdote ci-après, qui si elle est exacte, ne serait guère flatteuse pour l'officier supérieur auquel on l'attribue :

UN JUIF MENACÉ D'ÊTRE FUSILLÉ

Un épisode qui a un certain cachet d'originalité, s'est passé à la colonne Crouzet, partant de l'Aricha, dans le mois de novembre, pour aller à la rencontre de Si Sliman.

Le fournisseur de la viande pour la troupe, le Juif Salomon, marchait en queue de la colonne avec son troupeau.

La marche étant un peu précipitée, le Juif éprouvait de la difficulté à se tenir rapproché de la troupe.

Le troisième jour, la difficulté de suivre devint plus grande, si bien qu'au moment donné, le fournisseur se trouva seul dans une immense plaine d'alfa, voyant la colonne disparaître à l'horizon.

Saisi de frayeur et, se croyant en danger, Salomon rejoint la colonne, au galop de son cheval, abandonnant le troupeau au caprice du sort.

Arrivé au camp, le lieutenant-colonel Crouzet le fit appeler et lui demande, pourquoi il a abandonné le troupeau. — Me voyant seul et craignant les maraudeurs, la peur m'a saisi et je me suis sauvé, répond le Juif. — Arrange-toi comme tu voudras, reprit le lieutenant-colonel, si la troupe manque de viande, je te fais fusiller.

Deux soldats amènent le Juif, qui, affolé de terreur, se figure qu'on va le fusiller; — il se jette à genoux, demande grâce, verse un torrent de larmes, invoquant le Dieu de Jacob.

Inutile de pleurer, dit le lieutenant-colonel, voilà des hommes, et va chercher ton troupeau.

Le Juif ne se le fit pas dire deux fois.

Après de nombreuses recherches, on retrouva à quatre heures du camp, le troupeau paissant tranquillement dans une plaine d'alfa où il avait passé la nuit.

Tout est bien qui finit bien.

En retrouvant le troupeau, le Juif Salomon avait sauvé sa tête et assuré la nourriture de nos braves soldats, jurant par les cornes de Moïse, qu'on ne l'y prendrait plus.

L'ATTITUDE DES AUTORITÉS LOCALES

(B)　　　　　SÉANCE DU 80 JUIN

SESSION EXTRAORDINAIRE
Autorisée par M. le Préfet, par décision du 30 juin

Procès-verbal de la séance publique du 30 juin 1884

Présidence de M. GUILLEMIN, Maire

La séance est ouverte à 2 heures du soir

PRÉSENTS :

MM. DUMAIN, 1er adjoint; LESTIENNE, MERCIER, adjoints; CASA-BIANCA, BAILLY, HÉRISSON, LAGADEC, MAZAS, GALLIAN, PAGÈS, ALTAI-RAC, HURÉ, PEYRON, BOURDON, MULSANT, ALAUX, WAHL, LÉGEROT, AMAR, CARDAIRE, PLUQUE, ANTONI, ROBERT, CARBONEL, BONIFAY, E. MANTOUT, MARGEREL, CABUÉ, DE GINESTE, BOYER, CHARPENTIER, HAMDAN BEN MARABET, ABDERRHAMAN BONATERO, MOULOUD BEN SAÏD.

ABSENTS :

MM. DURAND, CLAIRAC, MOHAMED BEN SIDI SAÏD, excusés; ABDER-RHAMAN CHIKIKEN.

Le Maire déclare la session extraordinaire ouverte.

M. Carbonel est désigné pour remplir les fonctions de secrétaire.

Le MAIRE s'exprime en ces termes :

Messieurs, conformément au désir exprimé par le Conseil muni-cipal dans sa réunion officieuse tenue ce matin, j'ai demandé à M. le Préfet l'autorisation de vous réunir extraordinairement en séance publique pour délibérer sur les mesures qu'il convient de prendre pour parer à la gravité de la situation actuelle.

Cette situation vous la connaissez tous. Elle est assez grave pour que, dans la discussion qui va suivre, le Conseil municipal conserve cet esprit de modération et de calme qui convient à une assemblée délibérante.

Ce que nous devons poursuivre, avant tout, c'est le rétablissement de l'ordre, troublé depuis 3 jours, dans les rues d'Alger. J'espère que dans cette œuvre de conciliation, nous nous rencontrerons tous dans une même opinion, dans un même sentiment : assurer la sécurité publique menacée.

Quelles sont les mesures préventives à prendre et, ce point résolu, comment les diriger? Tels sont les points sur lesquels la Municipalité désire appeler votre attention.

Eh bien, j'ai préparé une proclamation faisant appel aux bons sentiments de la population; il vous en sera donné connaissance. J'ai également préparé une lettre pour M. le Général commandant la subdivision pour le prier de mettre à la disposition de la Municipalité des piquets d'hommes de troupe qui seraient adjoints aux commissariats de police pour les renforcer; ces piquets pourraient être de 25 hommes; ils serviraient à organiser des patrouilles dirigées par des agents ou fonctionnaires de la police.

J'estime, en effet, que les stationnements de troupe, en ville, offrent des inconvénients. D'après les règlements militaires, les troupes doivent être consignées dans leurs casernes pour être tenues à la disposition de l'autorité. Si ces troupes sont appelées et stationnent en ville, les règlements militaires exigent qu'elles soient écartées de 80 mètres, de manière à éviter tout contact avec la population. Ce qui paraît difficile à obtenir dans les circonstances que nous traversons.

Je crois donc qu'il faut nous contenter de patrouilles dirigées, comme je l'ai déjà dit, par des fonctionnaires de la police.

Un autre moyen se présente encore et celui-ci d'un caractère éminemment modérateur et pacifique. Je fais ici un appel chaleureux au dévouement des conseillers municipaux. Que nos collègues viennent en aide à la Municipalité. Que dans ces circonstances pénibles chacun de nous paye de sa personne, parcoure les rues de la ville pour amener l'apaisement des esprits par la persuasion et l'exemple. Le rôle des conseillers municipaux, mandataires autorisés de la population, me paraît tout indiqué : il doit être impartial, sans parti pris, sans arrière-pensée. Des deux côtés il y a certainement des excitations; nous n'avons pas à rechercher de quel côté sont les torts, mais à amener l'apaisement, le calme dans les esprits. C'est donc un rôle modérateur que nous avons à remplir, une mission à laquelle nous convient notre caractère et nos fonctions de conseillers municipaux. Nous n'y faillirons pas, j'en suis certain.

Vous aurez donc à examiner s'il ne conviendrait pas que chaque membre du Conseil soit muni d'un insigne distinctif quelconque établissant ses qualités. Vous aurez à décider également si le concert annoncé pour ce soir au square doit être maintenu. Pour l'instant et pour procéder par ordre je vais consulter le Conseil sur la première question : y a-t-il lieu de demander au général des piquets de 25 hommes de troupe pour renforcer les commissariats de police ?

M. CANDAIRE. — On parle d'établir des postes, ou, plutôt, de renforcer les postes de police. C'est là, à mon avis une excellente mesure; il est seulement regrettable qu'elle n'ait pas été prise plus hâtivement. Mais avant de prendre une délibération, encore est-il bon de savoir ce que ces postes auront à faire. L'excitation des esprits existe, elle est constatée et le devoir du Conseil municipal est de rechercher les moyens propres à la faire cesser au plus tôt. Eh bien, je dis qu'il est absolument fâcheux qu'il y ait, de part et d'autre, des gens qui pourraient s'interposer utilement, qui sont animés des meilleures intentions et qui ne réussissent cependant qu'à amener un peu plus de confusion. A quoi cela tient-il ? Peut-être au défaut de direction. Je viens précisément d'assister à une scène de ce genre sur la place de Chartres. On brisait, m'a-t-on dit, l'étalage d'un marchand de spiritueux. La troupe était présente. En exécution des ordres donnés on a fait évacuer la place sans distinction de personnes, de sorte que les citoyens paisibles, vaquant à leurs occupations et à leurs affaires, se sont vus refuser le passage, ou exposés à recevoir des horions. Je ne crois pas que ce soit ainsi que l'autorité devrait procéder. La première des conditions, est d'adresser les sommations légales pour disperser les groupes de perturbateurs et mettre ensuite la main et conduire au poste tous les récalcitrants. Voilà comment je comprendrais la répression. Mais on opère d'une façon toute différente : les agents ou la troupe s'opposent au passage. Il se forme alors une agglomération, un attroupement et il n'en faut pas davantage, dans l'état de surexcitation des esprits, pour amener des troubles, des provocations ou des excès de langage, toujours regrettables. Je suis partisan de la force armée, mais j'estime qu'il ne faut pas, non plus, en abuser. Par l'emploi mal calculé de la force on ne fait souvent que déplacer un mouvement et lui donner un caractère tout autre que celui constaté au début.

Je crois donc qu'il faut se résoudre à s'emparer des meneurs à quelque parti qu'ils appartiennent, et ce jusqu'à ce que l'apaisement se soit accentué et produit définitivement.

LE MAIRE. — Je répondrai à M. Cardaire, que depuis le premier jour, les hommes de troupe aident le service de la police. Je demandais que les postes soient renforcés : de fait ils le sont depuis samedi soir. Il s'agit de continuer cette mesure.

M. Cardaire a conclu en demandant l'arrestation des meneurs. On a arrêté un certain nombre de personnes : je ne vois pas que le résultat ainsi obtenu soit bien apparent. Il faut en effet procéder avec prudence, car je ne crois pas qu'il y ait un chef du mouvement. Dans cette circonstance, je crois au contraire que tout le monde est un peu meneur et tout le monde un peu coupable.

J'ai fait connaître les dispositions des règlements militaires sur le stationnement des troupes en ville. Cette mesure a des inconvénients. Il me paraît préférable d'organiser des patrouilles, car je crois que l'important est surtout de dissiper les attroupements.

M. AMAR. — Des explications du Maire, il résulte que la Municipalité a bien fait de convoquer le Conseil municipal.

Mais je commence par m'étonner que la Municipalité nous ait convoqués pour venir nous dire : « Il y a des excitations dans les rues d'Alger, quelles sont les mesures à prendre ? » Tels ne sont pas les faits et il convient de les rappeler. Des bandes, composées presque exclusivement de gens dévoyés ou désœuvrés, parcourent la ville et assaillent les personnes isolées. J'ai vu une de ces bandes, sans provocation aucune, se précipiter dans un magasin et s'exercer au pillage.

Ne nous y trompons donc pas; sous le couvert des idées religieuses se cachent des idées bien arrêtées de pillage. Voilà, en peu de mots, quels sont les caractères généraux du mouvement.

Il est bien évident que si l'on rapproche, si l'on compare les paroles respectives qui ont été prononcées, on constate qu'il y a eu excitation de part et d'autre. Mais, point important à établir, nous n'avons pas à rechercher si ce sont des juifs ou des chrétiens qui se sont rendus coupables de méfaits, c'est là le rôle des tribunaux. Ils prononceront. Mais ce que nous devons et avons à rechercher, c'est si l'ordre a été troublé dans la rue. Eh bien, depuis trois jours, les rues de la ville d'Alger sont déshonorées par des scènes regrettables. Qu'a-t-on fait pour les empêcher ? Les événements qui se succèdent répondent à cette question. Les bandes, dont j'ai déjà indiqué la composition, circulent presque librement, injurient, et troublent la tranquillité publique.

Ce spectacle est peu rassurant pour les honnêtes gens, et il est d'autant plus regrettable que c'est la première fois qu'on constate à Alger, une effervescence aussi accentuée et aussi prolongée. Même sous le régime militaire, même sous l'empire, sous tous les régimes passés, jamais il n'avait été donné à la population d'assister à un spectacle aussi écœurant.

Aussi, dira-t-on — c'est là une crainte que j'exprime — que ce n'est que depuis la République que la rue à Alger n'est pas tranquille. En 1871, je me le rappelle, une émeute a éclaté ; elle a été réprimée en 24 heures. On n'a pas été trois jours impuissants. Je le répète, dans les plus mauvais jours de l'Empire, les rues d'Alger n'ont jamais été troublées à ce point.

Le Maire. — Si M. Amar continue dans ces termes, je me verrai obligé de lui retirer la parole. La question est assez brûlante par elle-même pour ne pas y mêler des faits étrangers qui auraient pour effet d'irriter la discussion. Je recommande le calme à l'orateur. Qu'il veuille bien, surtout, ne pas sortir du cadre de la question.

M. Amar. — Nous ne devons pas nous laisser exposés à ces reproches qui seraient injustes, car, je le déclare hautement et avec sincérité, pour moi la République est synonyme de respect des droits et de la liberté de chacun.

Mais la liberté n'est pas l'excès, et ce sont les excès pour lesquels je demande la répression.

Cette répression avons-nous les moyens de l'exercer ? Je réponds oui, sans crainte d'une affirmation contraire. Nous avons entre nos mains le service de la police et je suis persuadé qu'il suffirait à la Municipalité de se montrer plus énergique, de sévir rigoureusement contre les émeutiers, pour enrayer rapidement le mouvement.

D'ailleurs, en dehors de toutes ces considérations, n'oublions pas que la Ville est responsable, au point de vue légal, des dégâts qui se commettent et, qu'en fin de compte, ce seront les contribuables qui solderont la note à payer.

Arrivons maintenant au mode de répression employé. Nous avons vu des attroupements ; des cris séditieux ont été proférés. Ces cris, à mon avis, n'ont pas été suffisamment réprimés, les attroupements n'ont pas été dispersés d'une façon assez énergique.

Mais ce qu'il importe de bien préciser dans ce débat, car ils paraissent ignorés, ce sont les droits du Maire en matière de police. Eh bien, le Maire ou son représentant a seul le droit de police dans sa commune. C'est à lui seul, qu'en cas de trouble, il appartient de requérir la force armée. C'est à lui seul qu'il appartient de prescrire des mesures et de donner des ordres. Le Préfet ne doit agir qu'après avoir fait sommation au Maire, et en cas de refus de ce magistrat. Or, dans la circonstance, c'est le Préfet qui a convoqué la troupe, c'est le Préfet qui a pris sur lui les mesures de répression. Il faut cependant que chacun reste dans le rôle que lui assigne la loi ; il faut que le Maire seul ait le droit de requérir toute l'autorité. La Municipalité doit avoir à cœur de maintenir la tranquillité publique ; je suis persuadé qu'elle ne faillira pas et qu'elle ordonnera des mesures énergiques. Il faut que le Conseil municipal ait en face de lui le Maire et les adjoints, et, s'il le faut, que tous nous venions en aide à la Municipalité, pour lui prêter appui dans son œuvre d'apaisement. Pour mon compte, je ne déclinerai pas cette mission.

J'ai dit tout à l'heure que la répression me paraissait insuffisante. On a fait 40 arrestations, lorsque les bandes qui parcourent la ville se composent de plusieurs centaines de participants. Et, encore, le cœur de la Municipalité doit avoir faibli, puisque, sur sa demande, un certain nombre d'émeutiers ont été remis en liberté.

Je crois donc que, dans un intérêt d'ordre public, il convient de s'arrêter à des mesures plus énergiques. Je dis que les bandes, qui parcourent la ville, sont formées par la populace. Eh bien, qu'on rappelle à ces bandes qu'il y a une loi sur les attroupements, et, qu'au besoin, on exécute la loi dans toute sa rigueur.

M. BAILLY. — Je ne saurais tolérer plus longtemps, pour mon compte, que la parole soit maintenue à l'orateur. — Les termes dont il se sert sont blessants pour la population ; il n'y a pas de populace à Alger.

M. AMAR. — Je propose donc qu'il soit publié un arrêté rappelant la loi sur les attroupements. Il est de toute nécessité que ces attroupements soient dissipés et, pour cela, il faut agir. J'espère bien que dans cette enceinte, aucune voix ne s'élèvera pour demander que les bandes d'émeutiers ne soient pas dispersées.

Ainsi que je l'ai déjà dit, j'accepte avec empressement la proposition du Maire. Que chacun de nous se dévoue, prête aide et appui à la Municipalité, en donnant des conseils de sagesse, en prêchant la modération et l'apaisement. Mais qu'à côté de cela il y ait des mesures énergiques de répression, si la persuasion et l'exemple n'avaient d'empire sur les manifestants.

Je me résume, Messieurs, en demandant la publication d'un arrêté municipal rappelant la loi sur les attroupements ; en demandant que l'on intervienne auprès de la presse locale pour empêcher l'impression de tous articles irritants : en demandant, enfin, que l'on intervienne également pour éloigner tous les étrangers, tous les curieux, des attroupements qui se forment. On se trouvera ainsi en présence des véritables auteurs du scandale et je suis sûr qu'il ne restera plus, dans les rangs des émeutiers, aucun Français digne de ce nom.

M. MARGEREL. — Les Français sont et seront toujours Français quoiqu'il advienne et quoiqu'on dise. Je constate que, pour amener la conciliation que nous devrions tous désirer au même degré, il ne faudrait pas passionner le débat par des paroles imprudentes.

M. PLUQUE. — Je crois avoir trouvé le moyen de mettre tout le monde d'accord. Je suis persuadé que M. Amar voit les choses sous une couleur trop sombre. Il faut revenir à la réalité. Le Maire a proposé de renforcer les postes de police de 25 hommes de troupe pour l'organisation de patrouilles. Je suis de cet avis. Que l'on fasse marcher les patrouilles; si 25 hommes sont insuffisants qu'on en mette 40, plus encore s'il le faut. Mais que ces patrouilles aient l'ordre formel de ne faire emploi de la force que si elles y sont contraintes par les événements.

Nous sommes tous Français. Nos sentiments doivent être faits de persuasion, de conciliation et d'apaisement, la force ne doit être employée qu'à la dernière extrémité et dans des circonstances données. Si dans les attroupements il se rencontre des gens qui se disent Français et qui ne le sont pas, qui font l'émeute pour l'émeute et le pillage pour le pillage; ah, pour ceux-là, soyons impitoyables, arrêtons-les et gardons-les.

M. DUMAIN, 1er adjoint. — Nous avons tout fait pour ramener le calme dans les esprits, nous n'y avons pas encore complètement réussi. Nous avons tous assisté à ce spectacle écœurant, de voir notre armée, salie, insultée par des gens sans aveu, qui profitent de la manifestation la plus pacifique pour se livrer à des excès; l'armée a été calme, elle a fait son devoir comme elle le fait toujours. Notre police, elle-même, provoquée, assaillie, a été belle de calme et de courage.

J'avoue que, pour mon compte, je n'étais pas aussi calme et que, lorsque je vois des gens se précipiter sur une personne isolée ou assaillir, pour la piller, une boutique de commerçant, ces actes me révoltent et je serais d'avis, pour les faire cesser, d'agir énergiquement. Je serais d'avis de cerner l'attroupement, d'arrêter curieux et émeutiers, quitte à faire ensuite un triage, à séparer l'ivraie du bon grain, à conserver les coupables. Si l'autorité paraît molle dans la répression, ces scènes déplorables se reproduiront en s'accentuant davantage.

Il y a certainement des excitations réciproques : nous n'avons pas à les juger mais à en empêcher le retour.

On a reproché au Maire d'avoir manqué d'initiative, cela n'est pas exact. A côté de la police dite municipale, il y a le service de la sûreté générale dépendant du Préfet. Le Maire a fait son devoir. Il est resté sur la brèche toute la nuit, se rendant sur les endroits menacés, parcourant les groupes, exhortant les citoyens au calme et à la modération. Le Préfet, lui aussi, rendons-lui justice, a largement payé de sa personne.

Ayons donc à chaque poste de police, 30 ou 40 hommes de troupe; plaçons-en 50 à la Mairie. Les postes ainsi renforcés pourront faire des patrouilles sérieuses, car je ne suis pas d'avis de n'envoyer que quelques hommes, dont la mission devient souvent difficile et l'intervention inefficace. Constituons des patrouilles nombreuses, pouvant agir en cas de besoin. En un mot, montrons-nous énergiques et le mouvement disparaîtra.

M. CARBONEL. — Au nom du Conseil municipal, au nom de la population, je proteste contre la proposition de M. Amar, qui demande l'application de la loi sur les attroupements. Je répudie, pour mon compte, ces moyens violents qui ne sont plus de notre époque. Nous devons rétablir la tranquillité dans la rue mais par des moyens pacifiques. Pas n'est besoin de fusiller les citoyens.

M. AMAR. — Je proteste contre les paroles de M. Carbonel. Je n'ai jamais dit qu'il faille fusiller personne. Ma pensée a été travestie, dénaturée. Que dit la loi sur les attroupements? Des sommations seront faites pour disperser la foule. Après les sommations on procède à des arrestations. Voilà mon avis, voilà ma pensée, voilà comme je comprends la loi.

Le MAIRE. — Appliquer la loi sur les attroupements est évidemment un moyen extrême et violent. Quand une foule est principalement composée de curieux, je crois que les sommations qui, légalement parlant, devraient être suivies du feu, ne font qu'exciter la population. Comme l'a dit M. Carbonel, nous devons répudier ces moyens.

On m'a reproché tout à l'heure d'avoir fait relâcher plusieurs personnes, c'est la vérité et je crois avoir agi sagement. Aux personnes remises en liberté et qui n'étaient coupables que de s'être trouvées dans la foule, j'ai conseillé le calme et la modération. Je leur ai conseillé de rester chez elles. Ces citoyens suivront mes conseils ; il m'ont promis de conseiller le calme à leurs amis. On dit qu'il y a des meneurs du mouvement, on le répète sur tous les tons, on l'insinue à tous propos, mais on tait leur nom. Mais puisqu'on les connaît qu'on les signale et la mission de l'autorité sera ainsi simplifiée, le mouvement sera de suite enrayé.

M. MERCIER, adjoint. — Je n'ajouterai qu'un mot aux explications données par le Maire. Il y a eu 51 arrestations ; sur le désir des manifestants on a relâché 17 personnes, en choisissant des jeunes gens français de 17 à 18 ans arrêtés pour des faits insignifiants. Eh bien, cette mesure a produit aussitôt une détente favorable : c'est à partir de ce moment que le calme s'est rétabli.

M. MULSANT. — La peur est une mauvaise conseillère. Je crois qu'elle s'est logée dans quelques esprits. Je voudrais que les Israélites influents d'Alger usent de cette influence pour recommander à leurs coreligionnaires le calme dont on ne devrait jamais se départir. La situation n'est pas aussi grave qu'on veut bien le dire. Les bandes qui se forment sont souvent composées de gens qui veulent rire, mais qui s'excitent mutuellement. Le moindre incident, la plus petite excitation est alors motif à excès.

M. PLUQUE. — Je demande que le Maire porte aux voix la proposition dont est saisie le Conseil : y a-t-il lieu d'organiser des patrouilles ?

M. WAHL. — Ce service des patrouilles ne serait-il pas mieux fait par les hommes de la Compagnie des Sapeurs-Pompiers ? Ce sont là, en effet, des habitants de la ville, des personnes connues auxquelles la population est attachée par des liens de famille ou de reconnaissance. Employer les Pompiers au rôle d'apaisement que je propose serait un moyen pratique d'arriver rapidement à la conciliation, au calme des esprits.

M. BAILLY. — Dans un sentiment de concorde que le Conseil appréciera certainement, j'allais faire la même proposition. J'ai été devancé par mon honorable collègue, M. Wahl. J'estime avec lui que les patrouilles devraient être faites par les Sapeurs-Pompiers, qui sont des citoyens et qui, seuls, peuvent ramener le calme sans déploiement de forces.

M. BOURDON. — Je combats, pour mon compte, cette proposition. Les Sapeurs-Pompiers ont un service spécial d'intérêt public duquel on ne saurait les distraire sans inconvénients. Les Sapeurs-Pompiers n'ont pas à faire de service de police : on ne saurait les assimiler aux agents de la sûreté. Ils doivent rester chez eux afin d'être prêts, le cas échéant, pour parer aux dangers d'incendie.

M. DUMAIN, 1er adjoint. — Je trouve évidemment que l'effectif de la Compagnie des Sapeurs-Pompiers est insuffisant pour satisfaire à ce double service.

M. MARGEREL. — J'approuverais la proposition qui vient d'être faite, si les Sapeurs-Pompiers étaient assez nombreux. Je comprends qu'un poste central soit installé à la Mairie ; mais je combats l'idée d'utiliser la Compagnie à un service de répression. Son rôle est tout autre ; je sais que l'on peut compter sur le dévouement de ce corps d'élite ; réservons-le pour les dangers d'incendie. Je demande donc que le Conseil passe à l'ordre du jour sur cette proposition, mais que, subsidiairement, il décide qu'un poste central, composé de 25 ou 30 sapeurs de la Compagnie des Pompiers, se tiendra à l'Hôtel-de-Ville pour parer à toute éventualité.

M. CARBONEL. — Je serais d'avis d'adjoindre deux ou trois Conseillers municipaux à chaque poste de police pour diriger l'emploi de la force publique.

M. DUMAIN, 1er adjoint. — L'expérience de la nuit dernière a démontré le calme de l'armée. Ce calme, soyons-en persuadés, ne se démentira pas.

M. Carbonel. — Au bout de deux ou trois jours, l'armée peut perdre ce calme que je me plais à lui reconnaître. Il vaut donc bien mieux, à mon avis, que la force publique soit dirigée par les agents de l'autorité municipale.

M. Cardaire. — Voulez-vous faire de l'armée une garde prétorienne ? Pour moi, je ne m'y oppose pas, car c'est mon opinion. Mais cela est-il nécessaire dans la circonstance ? Je ne crois pas. En 1871, une situation pareille s'était produite, le trouble était dans les rues d'Alger. Eh bien, le Conseil municipal tout entier, s'est mis en marche. Il a tenu tête à l'orage, et en douze heures le calme était rétabli. Pourquoi n'agirait-on pas de même aujourd'hui ? Je suis persuadé, j'en ai la conviction intime, que, si le Conseil municipal parcourait la ville et tint à tous un langage de persuasion et de raison, le mouvement serait bientôt enrayé. Aucune des personnes honnêtes prenant part au mouvement ne résisterait aux conseils de sagesse qui lui seraient adressés par ses élus directs. Personne ne serait ainsi exposé à recevoir des coups de crosse, comme j'en ai reçu un tout à l'heure, en me rendant au Conseil municipal.

Que l'on essaie donc de ce moyen pacifique que je préconise, cela n'empêchera pas d'avoir des forces suffisantes en réserve, s'il fallait parer aux éventualités des malfaiteurs. Dans toutes les émeutes on écrit sur les portes : mort aux voleurs.

M. Charpentier. — Je ne veux rien ajouter aux arguments développés par les orateurs qui ont pris la parole. Et, cela, pour d'excellentes raisons. Je trouve qu'il appartient à la Municipalité seule, de prescrire des mesures d'ordre, d'assurer la tranquillité publique. Je tiens donc à dégager entièrement la responsabilité du Conseil dans les mesures préventives qui seront ordonnées. Plus tard, il appartiendra au Conseil municipal d'apprécier si ces mesures ont été suffisantes.

M. Carbonel. — Je ne suis pas de cet avis, et, je ne crois pas que le Conseil puisse ainsi dégager sa responsabilité. Nous devons marcher tous d'accord avec la Municipalité, et, en conséquence, nous associer aux mesures proposées.

M. Robert. — Il résulte de la discussion que deux propositions sont en présence. Elles peuvent se résumer ainsi :

1° Y a-t-il lieu de renforcer les postes de police par l'adjonction d'hommes de troupe? On a parlé de 25, 30 ou 40 hommes ;

2° Si on se trouve en présence de groupes tumultueux fera-t-on les sommations légales ?

Le Maire. — Il y a encore une troisième proposition émanant de l'initiative de M. Margerel, à laquelle la Municipalité se rallie, et que je vais mettre aux voix. Elle est ainsi conçue : Y a-t-il lieu de constituer à la Mairie un poste central composé de sapeurs-pompiers, afin de parer à toute éventualité. Ce poste n'agirait que sur les ordres du Maire. Je consulte le Conseil.

La proposition est adoptée.

Le Maire. — Je vais, à présent, mettre aux voix la proposition ayant pour objet d'adjoindre des hommes de troupe aux postes de police. La Municipalité proposait de renforcer ces postes de 25 hommes. Dans la discussion, le chiffre de 40 a été mis en avant. Je crois qu'en raison de l'effectif de la garnison et des exigences du service ce chiffre est trop élevé. Quelqu'un a-t-il des observations à présenter ?

M. Wahl. — Je propose vingt hommes, renforcés d'un peloton de cavalerie.

Le Maire. — La présence de cavalerie me paraît inutile. Ce qu'il faut éviter, je crois, c'est le stationnement de la troupe dans la rue. Si le besoin s'en faisait sentir, ce qui n'arrivera pas, espérons-le, on pourrait demander des renforts.

M. Margerel. — Je partage l'avis du Maire. La gendarmerie à cheval suffirait en cas de besoin.

M. Aman. — Je demande que le Conseil ne vote pas sur l'importance plus ou moins grande qu'il conviendrait de donner, le cas échéant, à l'effectif des troupes appelées à renforcer les postes de police. Tout peut dépendre des circonstances. Si la ville est calme, pas n'est besoin de déranger nos soldats.

Je propose l'ordre du jour suivant :

LE CONSEIL,

Confiant dans l'énergie de la Municipalité,
Passe à l'ordre du jour.

Le MAIRE. — Je vais consulter l'assemblée sur la proposition suivante :
Le Conseil est-il d'avis d'organiser des patrouilles volantes, aux lieu et place des troupes à poste fixe. Je mets la proposition aux voix.
Adopté.

Le MAIRE. — J'ai indiqué qu'il serait utile que chaque conseiller municipal ait un insigne établissant ses qualités. Quel genre d'insigne doit-on adopter ? On a parlé d'écharpes ou de brassards tricolores, de médailles ou simplement d'une carte portant purement et simplement le nom de chaque conseiller et le timbre de la mairie. Le signe distinctif, quel qu'il soit, permettrait aux membres du Conseil de se faire reconnaître et d'aider ainsi la municipalité dans son œuvre d'apaisement.
Je consulte le Conseil sur le type de l'insigne qu'il désire adopter.

LE CONSEIL,

Décide qu'il sera remis à chaque conseiller municipal une carte insigne portant le nom du conseiller et le sceau de la ville.

Enfin le Maire demande au Conseil s'il y a lieu à suppression du concert populaire qui doit être donné ce soir au square. L'avis de la municipalité est que le concert doit être maintenu.

M. MAZAS partage cette opinion. Si le concert était contremandé, et que cette mesure vînt de l'initiative du Conseil, ce serait l'aveu que la situation est grave ; ce serait accorder aux événements plus d'importance qu'ils n'en ont réellement.

LE CONSEIL,

Décide qu'il n'y a pas lieu à suppression du concert populaire du 30 juin.

M. AMAR. — Je demande que M. le Maire communique au Conseil le texte de la proclamation adressée par la municipalité à la population et dont le Maire nous a parlé au début de la séance.

Le MAIRE donne lecture du document suivant :

RÉPUBLIQUE FRANÇAISE

—

MAIRIE DE LA VILLE D'ALGER

—

CITOYENS,

D'accord avec les membres du Conseil municipal,
Je fais appel à votre raison.

Les manifestations tumultueuses qui se renouvellent depuis trois jours dans les rues d'Alger doivent avoir une fin ; en continuant elles feraient un tort irrémédiable à tout ce que nous aimons :

A notre Algérie, dont la France sera portée à juger sévèrement les passions et les susceptibilités locales,

A la République qu'on accuserait d'être un Gouvernement de violence et de troubles,

A Vous mêmes et à vos familles que peuvent atteindre des accidents ou des malheurs graves.

Donc, au nom de ce que vous avez de plus cher, au nom de l'Algérie, au nom de la France, au nom de la République, au nom de vos familles, je vous adjure, Citoyens, de ne plus encourager, par votre concours ou votre présence, ceux qui auraient intérêt à perpétuer les scènes de désordre dans la rue.

Persuadé qu'on ne s'adresse jamais en vain à votre sagesse et à votre patriotisme c'est sur vous seuls, Citoyens, que je compte pour assurer le maintien de a tranquillité publique.

Alger, le 30 juin 1884.

Le *Maire*,
A. GUILLEMIN.

LE CONSEIL,

Applaudit à cette proclamation.

Extrait de la *Gazette de l'Algérie*, journal rédigé par un Israélite, M. H. Tubiana :

La tentative de meurtre perpétrée au square inspirait à M. le Maire de la Ville ces incroyables paroles : « Vous venez, Messieurs, de faire une exécution : Ce lieu n'est cependant pas affecté au châtiment des criminels. »

Les violences de toutes natures qui ont eu pour théâtre la place du Gouvernement auraient été rendues impossibles par l'apparition d'une force militaire légalement requise.

Cette force a pris position, mais M. le Maire a interdit à son commandant, qui n'avait alors d'injonction à recevoir de qui que ce fut, hors ses chefs directs, de remplir le mandat à lui confié ; et arborant l'écharpe municipale, il s'est oublié jusqu'à s'écrier : « Vous êtes sans qualité pour charger les citoyens qui m'entourent, je ne vous ai pas requis, il n'appartient qu'à moi de le faire ; ne frappez personne ou frappez-moi le premier. »

M. le Maire a récolté aussitôt ce qu'il venait de semer. Une multitude effrénée a envahi la place où la circulation avait été interdite, elle y a vociféré les motions les plus extravagantes ; M. le Maire et M. le Procureur général ont été hués, M. le Procureur général a été pris au collet, un Avocat général a été frappé ; les cris : « A bas le Colonel de gendarmerie ! A bas le Gouverneur général ! A bas le Commandant du 19e corps ! » ont éclaté de toutes parts. Trop heureux de ne pas être enlevé, le groupe des hauts fonctionnaires est parvenu à se dérober, et force n'est restée ni à la loi ni à la raison.

Qu'avait-il fait au contraire, quand une autre attitude et d'autres exemples lui étaient imposés par la nature et la marche des événements ?

Il n'a pas voulu savoir qu'un complot, organisé contre les jeunes conscrits israélites, avait été suivi d'effet à la Mairie, dans la soirée du 27 juin.

Il n'a pas voulu savoir que ces derniers y étaient tombés dans le piège à eux tendu par les camarades, qui les avaient invités à s'y rendre pour concerter le programme de la fête patriotique préparée à l'occasion du départ prochain de la classe.

Il n'a pas voulu savoir qu'un employé de la Préfecture y aurait produit une liste de personnes, demandant que les conscrits fussent exclus de la Commission où ils étaient entrés avec un nombre de suffrages plus grand que celui obtenu par leurs pairs.

Il n'a pas exigé que la pétition lui fut remise, et que l'employé fut interrogé par son supérieur hiérarchique. Cette pièce était la preuve de la préméditation ; l'interrogatoire de l'employé aurait établi que le cri : « sales Français, lâches Français » n'avait pas été poussé alors.

Il n'a pas tenu la main à ce que les jeunes conscrits, dont les uns ont été des complices et les autres des victimes, constatassent eux-mêmes que cet employé, étranger à la classe, aurait le premier poussé le cri néfaste « sus aux Juifs! » et, en même temps, donné le signal d'une collision immédiate.

Celle-ci a amené la dévastation de la salle et du vestibule de l'hôtel-de-ville, une rixe sanglante au dehors, et des attaques contre les membres de la réunion et d'autres Israélites poursuivis, toute la nuit, dans les cafés ou les appartements à eux ouverts.

Les conscrits israélites n'ont donc pas été les offenseurs, ils ont été les offensés ; ils n'ont pas été les assaillants, ils ont été les vaincus.

M. le Maire, en n'agissant pas dans ces circonstances dès le 28, selon son droit et son devoir, en se livrant au plaisir de la pêche, toute la journée du dimanche 29, a donc partagé avec l'employé, dont l'intervention a été si extraordinaire, la faute et le malheur d'avoir attiré sur notre ville la réprobation universelle.

Dans cette nuit de malheur, M. le Maire a pris deux fois l'engagement illégal et insensé de demander, d'accord avec son Conseil municipal, d'obtenir dans les plus brefs délais, l'abrogation du décret du 24 octobre.

LE PRÉTEXTE

(B). Le *Petit Algérien* disait ceci à propos du prétexte de l'outrage fait aux Francais d'origine :

Dans l'état de surexcitation où nous sommes tous, à plus ou moins de degrés, suivant notre tempérament, je ne vois qu'un seul moyen pour arriver à calmer les esprits : je parle des esprits sensés et non des tapageurs et des pillards.

Il y a eu des paroles blessantes proférées par des Israélites indigènes à l'égard des Français, paroles que (il faut bien le dire), MM. les Israélites emploient trop souvent, aussi bien dans les discussions que dans leurs appréciations, paroles très malheureuses tombant de leurs bouches et qui blessent profondément le sentiment patriotique français auquel nos plus grands ennemis ont toujours rendu justice, et qui nous rappelle des souvenirs cruels, une plaie saignante dans notre cœur, à nous Français qui avons bien des défauts, mais qui les rachetons par de sublimes qualités dont nous sommes fiers et qu'on ne foule pas impunément aux pieds.

Il faut donc que ces paroles malheureuse soient rétractées par des personnes autorisées et qu'amende honorable soit faite.

Voilà pour la réparation.

LA RÉPRESSION

(C). On remarquera la différence de rédaction dans le télégramme adressé au sénateur Le Lièvre et dans celui adressé au député Letellier.

Dans le premier, on dit que les troubles sont exagérés, que le sénateur peut hardiment démentir, et dans le second on dit que la troupe a chargé sans sommation et que le sang a coulé.

(Voir les deux télégrammes page 59).

APPRÉCIATION DES JOURNAUX DE FRANCE

—

(D). Extrait d'une pétition partie d'Alger, reproduite par plusieurs journaux de la Métropole :

Mais des Israélites ont été arrêtés par des agents de l'autorité publique, parce qu'ils étaient en état de légitime défense.

D'autres, après avoir été assommés sur les points de la ville où ils avaient été surpris absolument inoffensifs.

D'autres, après avoir été arrachés à une protection privée, loyale et impuissante.

D'autres, après avoir été contraints de fermer les magasins, que l'émeute ne voulait pas laisser ouverts.

D'autres, enfin, parce qu'ils donnaient à la police le droit de les clôturer d'office sous la pression d'une foule capable de tout, devant laquelle l'autorité a lâché pied pendant huit jours.

Voilà le lot des victimes ; voici le lot des méchants :

Les attentats divers commis contre les juifs n'ont été réprimés nulle part.

Les cris sinistres « sus aux juifs, mort aux juifs, » ont été proférés impunément, et le jour et la nuit.

Les domiciles envahis ou menacés, et les magasins mis à sac, l'ont toujours été sans qu'une résistance quelconque eût été préventivement organisée dans les lieux que tout indiquait comme étant ceux où se produiraient inévitablement ces redoutables excès.

Un publiciste, président de la commission départementale, a été assailli sur la voie publique, et maltraité à cause de la défense dans son journal, des personnes et des propriétés israélites.

Le jeune porteur du journal mis en vente par lui a été blessé, et ses imprimés, malgré leur caractère de propriété inviolable, brûlés sur place.

Un autre publiciste, membre aussi du Conseil général, et défenseur de la cause israélite, devenue celle de tous les hommes d'ordre et de cœur, a été, deux fois dans la même nuit, au square Bresson et sur la place du Gouvernement, accablé d'affronts et de coups, après avoir protégé, à ses risques et périls, dans l'après-midi, son domicile et ses presses contre l'envahissement et la destruction.

Où était l'autorité? elle était présente au square, elle était présente sur la place du Gouvernement.

La terreur a succédé au crime, dont elle avait été la compagne; les victimes ont étouffé leurs gémissements, et on ne s'est pas préoccupé de leur convalescence : hôpitaux, demeure privée, tout a été muet, l'impunité triomphe encore; et, au dire de ceux qu'elle épargne si scandaleusement, « tout était fini et tout recommence parce que M. Laisant a été circonvenu et trompé. »

Non, non, ce député qui connaît l'Algérie n'a pas été circonvenu, et il n'aurait pas été facile de le tromper. Ce qui est incontestable, c'est qu'il y a deux impunités momentanément acquises, et que l'honneur national exige qu'il soit mis un terme à l'une et à l'autre.

Si ce résultat n'était pas atteint à bref délai, il faudrait se résigner à admettre des deux côtés de la mer, qu'au lieu de demeurer le prolongement de la France conquérante, l'Algérie n'est plus que le prolongement de la commune de 1871.

LE JOURNAL L' « ARMÉE FRANÇAISE »

Tous les journaux de France et d'Algérie se sont prononcés sur les tristes événements qui se sont produits à Alger, et, pour l'honneur du nom français, il ne s'en est pas trouvé un qui n'ait témoigné son étonnement pour les actes et son mépris pour les acteurs.

Socialistes, intransigeants, radicaux, opportunistes, républicains modérés, monarchistes de toutes nuances, ont été unanimes dans leur flétrissure pour les pillards et leurs railleries envers ceux qui affrontent le ridicule au point de demander la dénaturalisation de trente-cinq mille concitoyens.

Voici maintenant les journaux militaires qui s'en mêlent pour établir qu'avec le titre de citoyens français, les Juifs de la Métropole ont su y ajouter les qualités militaires et qu'il en est ou en sera bientôt de même pour ceux d'Algérie :

« Comment se fait-il — dit le journal l' « Armée française » — qu'une population aussi intelligente que celle de nos colons algériens, en vienne, à propos d'un punch, à faire une distinction entre conscrits israélites et conscrits chrétiens, et qu'elle laisse ensuite une tourbe de gens sans aveu se livrer à des violences et à des scènes de pillage indignes de notre époque?

« Les gouverneurs généraux qui se sont succédé ont été unanimes de 1830 à 1870, le maréchal de Mac-Mahon aurait certainement fait aboutir des propositions que le gouvernement de la Défense nationale a fait entrer dans le domaine législatif.

« Les Juifs algériens qui étaient déjà protégés par nos lois civiles ont gagné à leur naturalisation, leurs droits politiques et l'honneur de porter l'uniforme pour concourir à la défense de la patrie.

« Depuis des siècles, il leur était interdit de détenir des armes, et leurs ennemis les croyaient peu aptes à la profession militaire. Cependant ils ont parfaitement rempli toutes les obligations de la loi de 1875, et lorsque, par une mesure d'ordre que les récents événements ne justifient que trop, le législateur de 1875 a donné au pouvoir exécutif la faculté d'envoyer dans des corps du Midi de la France, une partie de l'élément indigène ; cette faculté constitue-t-elle un privilège en faveur des Israélites ? Nullement. Si l'on voulait étendre la même mesure aux fils de nos colons, les réclamations ne tarderaient pas à se produire.

« La France continentale compte environ 35,000 Israélites originaires, pour la plupart, de l'Alsace et de la Lorraine. Il y a cinquante ans à peine, des désordres qui rappellent ceux d'Alger, mêmes récriminations, suivies de scènes analogues de pillage, troublèrent une partie de l'Alsace.

« Les Juifs étaient indignes de porter les armes. Une famille fort maltraitée, quitta à cette époque (1832) un village du Haut-Rhin pour se réfugier dans la ville. Quelques années se passèrent, le chef de la famille envoya son fils à l'école militaire de Saint-Cyr. Ce fils, blessé grièvement comme capitaine des zouaves à Malakoff, est désigné pour passer la revue le 14 juillet courant aux troupes de Versailles et au bataillon de Saint-Cyr, car il est général de division aujourd'hui.

« Dans cette même famille, il y a deux commandeurs, un officier, trois chevaliers de la Légion d'honneur, et même un commandeur de l'ordre de Saint-Grégoire-le-Grand.

« Dans la première section de l'état-major général, « il y a deux généraux de division juifs. »

Depuis que les juifs de France ont été émancipés, ils ont payé leur dette de reconnaissance sur tous nos champs de bataille.

En dehors de l'armée régulière, dans la dernière guerre, on a vu les volontaires affluer de tous les points du territoire, et leur coreligionnaire Franchetti, tué glorieusement à la tête des éclaireurs volontaires de la Seine, leur a donné l'exemple du devoir accompli, et de l'amour de la patrie.

Les préjugés, quelque vivaces qu'ils soient, finissent par s'effacer. Que les Israélites algériens continuent à se conduire en bons soldats, et ils seront accueillis dans l'armée comme ils méritent de l'être !

En effet, nous avons connu un grand nombre d'officiers israélites en Algérie, et quoi qu'on dise de l'antipathie des indigènes musulmans pour cette race, nous n'avons jamais ouï dire qu'ils aient refusé obéissance à ceux d'entr'eux qui les ont commandés.

COMITÉ DES QUINZE

PROCÈS-VERBAL DE LA PREMIÈRE RÉUNION POUR L'ORGANISATION DU COMITÉ PROVISOIRE DE LA LIGUE DES FRANÇAIS EN ALGÉRIE

L'organisation de ce Comité est un acte de protestation contre les Juifs qui, par leurs outrages à la France, ont soulevé la légitime indignation des Français d'Alger.

Ce Comité naissant, prévoyant plus loin, se forme dans l'intention de faire la guerre à tout parti, quel qu'il soit, qui à l'avenir attenterait à l'honneur de la France qui, malgré quelques défaites héroïques, l'histoire est là pour l'enseigner, a ébloui maintes fois le monde par la grandeur de sa générosité, et surtout par ses exploits guerriers sur les champs de bataille du monde entier.

La séance est tenue dans une des salles affectées à cet effet, au Café d'Europe, à Alger.

L'ouverture a lieu à 9 heures.

Le président ouvre la séance, en expliquant le but du Comité.

Après des explications échangées entre le président et les membres présents, et après une discussion qui finit à 10 h. 1/2, à l'unanimité il est décidé que tous les membres signataires du présent procès-verbal se rendront auprès de M. le Maire, pour demander l'autorisation de convoquer une réunion publique, dans laquelle le programme du Comité sera soumis à l'approbation des Français assistant à la dite réunion, dans un local qui sera ultérieurement désigné.

(Suivent 12 signatures).

LA RÉUNION DU CIRQUE

La réunion publique annoncée a eu lieu hier au cirque.

M. Petit, au nom d'un comité provisoire qui a pris le titre de Ligue-Française en Algérie, a prononcé la déclaration suivante :

« Citoyens,

» Au nom du comité provisoire dont je fais partie, je prends la parole pour vous faire connaître en peu de mots les motifs qui ont donné naissance au comité provisoire de la Ligue des Français en Algérie et le but de la réunion à laquelle nous assistons.

» La formation du Comité provisoire patriotique a été un mouvement spontané de quelques Français qui ont pensé que tous leurs compatriotes devaient se grouper afin d'obtenir une éclatante satisfaction en proportion de la gravité de l'insulte faite à la France par les Juifs.

» C'est ce sentiment patriotique qui a donné naissance à ce Comité qui a cru devoir prendre le titre de « Ligue des Français en Algérie » ou simplement « Ligue Française en Algérie. »

» Nous vous avons invités, citoyens, à la réunion d'aujourd'hui, afin que vous puissiez nommer un comité définitif composé de 15 membres et en même temps son président.

» Aussitôt que vous les aurez nommés, vous vous mettrez d'accord avec eux pour former le programme des revendications à poursuivre et qui seront la base de la Ligue, etc.

» Nous, Comité provisoire, nous n'avons pas à préjuger le programme que vous dresserez ; mais permettez-nous d'espérer que vous voudrez bien demander l'abrogation du décret ayant fait entrer les Juifs dans la grande famille française et poursuivre la réalisation de notre patriotique espérance en ouvrant dans toute l'Algérie des cahiers qui devront être couverts rapidement de signatures, etc. »

En conséquence le comité provisoire avant de se retirer, invite la réunion à désigner immédiatement les quinze membres qui prendront la place du comité provisoire dont le rôle est fini.

La réunion a nommé ensuite comme membres du Comité, les citoyens Laffite, Pierre, Julien, Marchal, Quérel, Lalut, Baudier, Clément, docteur Thévenet, Pressecq-Rolland, Basset, Mazas, Petit, Vial et Michel.

Ont été acclamés, comme président d'honneur, le citoyen Basset ; comme président, le citoyen Pressecq-Rolland, et comme vice-président, le citoyen Marchal.

LIGUE FRANÇAISE EN ALGÉRIE. — RÉUNION DU 6 JUILLET AU CIRQUE

(Compte-rendu analytique)

A la porte du Cirque, le Comité provisoire promoteur de la réunion a fait afficher un avis ainsi conçu :

Tout citoyen ayant l'intention de provoquer le désordre est prié de ne pas entrer.

Notre but est de discuter et non de disputer.

A 2 heures et demie la séance est ouverte. Mille à douze cents personnes assistent à la réunion.

L'un des organisateurs, le citoyen Laflitte, explique en quelques mots le but de la Ligue, et donne la parole au citoyen Petit, secrétaire de la Commission d'initiative, qui, dans un rapport aussi éloquent qu'énergique, fait un appel aux Européens soucieux de venger les injures adressées par les Juifs à nos nationaux.

De chaleureux applaudissements accueillent ce rapport, et un « tolle » général se fait entendre : « A bas les Juifs ! »

On procède ensuite à la formation d'un bureau de séance.

Le citoyen Presseq-Rolland est acclamé président à l'unanimité.

Assesseurs : Les citoyens Michel et Vial.

Secrétaire : Le citoyen Marchal.

Le citoyen Presseq-Rolland retrace, en quelques mots accentués, les faits qui ont déterminé la Ligue et conclut à la formation d'un comité chargé d'en élaborer les bases.

Assentiment général.

On procède à l'élection, et les citoyens dont les noms suivent sont acclamés à l'unanimité en grande partie, quelques-uns à la presque unanimité.

Presseq-Rolland, Marchal, Querel, Lalue, Clément, Mazas, Julien, Basset, Vial, Petit, Rouel, Boudin, Laflitte, Thévenet, Pierre

Le Comité est donc constitué, mais un incident s'est produit, incident caractéristique et qui démontre bien l'esprit de la population.

On lance le nom de M. Legrand ; de nombreux bravos se font entendre ; ils sont adressés, non pas à M. Legrand, que sa position empêche d'accepter de faire partie du Comité, et dont la candidature est retirée, mais à l'« adversaire » du sieur Allaman dit Allan, directeur de la « Vigie algérienne ».

C'est alors que le citoyen Presseq-Rolland, président de séance, dans le but de donner plus de force et de poids aux pouvoirs accordés au Comité, propose que l'assemblée entière choisisse parmi les membres nommés, un Président, un Vice-Président et un Secrétaire.

Sont alors nommés à l'unanimité :

Président : Presseq-Rolland ;

Vice-Président : Marchal ;

Secrétaire : Petit ;

Président d'honneur : Le citoyen Basset.

Un tonnerre d'applaudissements se fait entendre.

Le citoyen Marchal prend alors la parole et exhorte l'assemblée au calme, à se retirer sans bruit ; il appartient désormais, dit-il, au comité nommé en réunion publique de travailler et de soumettre aux citoyens présents le rapport de la commission, ce qui aura lieu dans une prochaine réunion.

L'assemblée se retire aux cris de : « A bas les Juifs ! Vive la France ! Vive la République ! »

Nos lecteurs comprendront que nous ne donnions aujourd'hui aucune appréciation de la séance ; nous nous sommes borné à en donner un compte-rendu sommaire et fidèle, mais le jour venu, ils savent qu'ils peuvent compter sur nous et que nous saurions soutenir l honneur de notre patrie, contre ces parias de toutes les sociétés, qu'on appelle Juifs, avec autant de fermeté que nous défendrons la République contre ceux qui ne demanderaient pas mieux que de l'étrangler.

Nous sommes sur la brèche et nous y resterons avec le concours de nos amis.

(Radical du 7 juillet 1884).

TRAVAUX STÉRILES

Parlant de la réunion du Cirque, notre confrère du « Petit algérien, » M. Waille Marial, estime que « les travaux du comité nommé lui paraissent destinés à rester stériles. »

Bien qu'ayant jeté loin la défroque de la synagogue, notre bon confrère ne peut que ressentir de la sympathie pour ses collègues en mutilation, aussi prend-il ses désirs pour des réalités.

Nous espérons bien lui montrer que les travaux de ce comité ne resteront pas entièrement « stériles ». Surtout si notre pétition, accompagnée de cahiers où seront consignées les plaintes et observations des Algériens, parvient à la Chambre, appuyée par cinquante ou soixante mille signatures de Français ou d'étrangers fixés en Algérie et en train de faire souche de bons Algériens.

Une telle union, contre les parasites de toutes les nationalités, prouveront . . . . t unanime et réfléchi de l'Algérie tout entière n'est pas dans le maintien du statu quo.

(Radical Algérien).

LA LIGUE FRANÇAISE D'ALGER

Nous empruntons le passage suivant à la correspondance parisienne du *Petit Colon* :

La « Ligue française » d'Algérie a fait son petit trou à Paris ; parmi les intéressés surtout, son succès est très contesté, et son utilité l'est également. La Chambre, dit-on, ne consentira jamais à rapporter le décret du 24 octobre 1870, et toute l'agitation qui pourra être faite n'aboutira qu'à un « fiasco » lamentable. Je passe sous silence les rengaines des « fraternitaires » qui, pourvu que leurs pr...cipes soient saufs, ne s'inquiètent pas des souffrances et des h...es que peuvent endurer des hommes qui travaillent, de la part d'...res hommes qui les exploitent.

...vous inquiétez pas des Q'UEN DIRA-T-ON qui vous viendront d'en ... ; souvenez-vous de la campagne de Cély en 1881, à Oran. Un ...acement de 200 voix suffisait pour que la question du rappel du ...cret fut portée à la tribune ; les colons oranais ont, à cette occasion, admirablement marché et si la première tentative a abouti à un échec très honorable, les suivantes pourront réussir.

La Chambre fera ce qu'elle voudra quand elle sera saisie de la question ; c'est son affaire. L'affaire des colons et des Français algériens est exclusivement de l'en saisir ; tous les doutes émis sur le succès de la Ligue, n'ont précisément qu'un but, EMPÊCHER QU'ELLE NE LE SOIT.

Je suis en mesure de vous affirmer que si jamais l'Algérie a un député qui porte la question à la tribune de la Chambre, il ne sera pas si isolé qu'on veut bien le dire : le péril juif est aussi apprécié par certains esprits politiques en France qu'en Algérie, seulement la masse ne s'en doute pas ; à force d'argent et d'habileté, les Juifs le dissimulent avec un art infini. Allez de l'avant et surtout tâchez de rallier à la Ligue les colons de l'intérieur, ce sont eux, encore une fois, qui ont fait le succès relatif de Cély, succès qui, un an plus tard, permettait aux électeurs français d'Oran de reprendre possession de leur mairie et d'en chasser les Juifs indigènes.

Ce résultat quoique très modeste est un résultat qui prouve que dans une lutte de ce genre on doit aller droit devant soi, sans se soucier des critiques, des injures, des malédictions et des haines ; on est dans la vérité, et forcément, malgré tous les principes du monde, on doit réussir tôt ou tard.

Nous avons, nous, le ferme espoir de réussir tôt, car nous plaidons une cause juste, car nous avons pris en main la défense de toutes les victimes de ces immondes spéculateurs, car derrière nous marchent les trois départements algériens.

Ce que le regretté Cély n'a pu accomplir, nous l'accomplirons nous ; il nous a ouvert la carrière, nous irons de l'avant.

Le succès est assuré lorsqu'on a confiance en la cause que l'on défend ; nous répondons du succès.

De nombreuses adhésions à la Ligue nous sont déjà parvenues ; on nous en promet de toutes les communes de l'intérieur ; le mouvement anti-sémitique, parti cette fois-ci d'Alger va devenir général dans les départements voisins.

Bon courage et confiance, telle est notre devise ; nous n'y faillirons pas.

(Radical algérien.)

Voici maintenant quelques extraits du journal *la Solidarité* :

AGITATION STÉRILE

Je ne sais quel est le sort réservé à la pétition qui s'élabore pour demander l'abrogation du décret de naturalisation et si l'on parviendra à recueillir de nombreuses signatures, mais déjà on peut voir qu'elle sera combattue par un grand nombre d'organes de l'opinion publique, même par ceux qui, dans le temps, se sont montrés les plus hostiles au décret, dont on connaît l'opinion.

Voici celle qu'exprime à ce sujet le « Petit Algérien ».

Après avoir rappelé qu'à une autre époque il avait fait valoir toutes les raisons qu'on peut invoquer contre la naturalisation en masse des Juifs et constaté l'impuissance de ses efforts et la tendance du Parlement à étendre le décret aux indigènes musulmans, notre confrère Marial s'exprime ainsi :

« Ayant pris personnellement une part assez militante à cette lutte, je suis fort à l'aise pour déclarer qu'une nouvelle campagne aurait encore moins de succès que les précédentes. Du reste, après quinze ans de possession, ce serait un anachronisme que de vouloir remettre en discussion un fait acquis par prescription.

» Il y aurait quelque chose de mieux à faire que de s'agiter dans lo vide, co serait d'amener, par persuasion, non par violence, les Juifs à renoncer à leurs préjugés, à leur esprit de caste.

« L'enseignement en commun dans nos écoles, le service militaire obligatoire, changeraient graduellement les mœurs des Juifs indigènes. Ce n'est qu'une affaire de temps mais il n'y a pas de raison pour que l'on n'obtienne pas en Algérie, la même transformation qui s'est opérée chez les Juifs de France, depuis la Révolution.

« Pour arriver a ce résultat il faudra certainement un peu de patience, mais ce n'est pas avec des invectives, des injures et des coups que l'on obtiendra quelque chose. »

L'ALGÉRIE AUX JUIFS

M. Du Bouzet, dans sa pétition à l'Assemblée nationale, contre le décret du 23 octobre 1870, disait :

« Avons-nous conquis l'Algérie pour soumettre les Musulmans aux Juifs ? »

Nous demanderons, nous : nos pères ont-ils conquis l'Algérie pour soumettre les Français et les Musulmans aux Juifs ?

A l'heure actuelle, en effet, Français et Musulmans sommes forcés de subir la triste et lourde influence de l'or juif, la tyrannie la plus honteuse, la plus insupportable des tyrannies.

Regardons autour de nous, et sans sortir d'Alger, nous verrons que nous sommes bien enlacés, bien bâillonnés par le Juif qui a su se glisser partout.

Nous le trouvons au Gouvernement général, dans la magistrature, au Conseil général, au Conseil municipal où nous pouvons constater son influence néfaste.

Dans la presse, dans les affaires, dans le commerce, là il est roi, roi absolu, roi de par son or ; là, il fait la hausse et la baisse, épuisant, ruinant toutes les branches à son profit ; s'enrichissant, s'enrichissant toujours, sans scrupule, sans pudeur, par tous les moyens.

Or du vol, or de la prostitution, or de quelque source impure qu'il provienne, n'a pas d'odeur : c'est de l'or, voilà tout.

Et M. Crémieux, d'un trait de plume, a fait de ça des Français !

Allons donc, eux, Français.

Ils sont nés Juifs, ils mourront Juifs ; dans deux mille ans ils seront Juifs encore et tous les décrets du monde ne changeront rien à cela.

Et nous sommes envahis par eux, et nous sommes volés par eux, par eux nous sommes salis, insultés même sous l'œil protecteur de l'autorité.

C'est pour eux que nous avons conquis l'Algérie, dont ils sont devenus les seigneurs suzerains, sans conteste ; et quels seigneurs ! Eux, les Juifs, c'est-à-dire ce qu'il y a de plus bas, de plus rampant, de plus immonde quand il s'agit pour eux de parvenir ; ce qu'il y a aussi de plus lâchement cruel, de plus hideusement orgueilleux, lorsque, leurs coffres pleins, ils commandent en maîtres !

Eh ! bien, c'est pour réagir contre cette influence démoralisatrice du Juif, que nous nous déclarons anti-juif et que nous protestons de toutes nos forces contre le décret de naturalisation volé à la nation française par le Juif Crémieux. Et, pour appuyer notre protestation, nous avons derrière nous toute la population de l'Algérie, sans distinction de nationalité et de culte ; car tous ici ont eu à souffrir de la désastreuse ingérence juive dans nos affaires publiques et privées, car tous nous avons senti la honte nous monter au visage et qu'il y va de notre pudeur de secouer ce joug honteux, ignoble, insupportable.

(Radical du 16 juillet 1881.)

Ainsi les intransigeants, genre d'Alger, ne sont pas satisfaits du suffrage universel, et pour le dominer, ils ne trouvent d'autre moyen que de protester contre *le décret de naturalisation* VOLÉ A LA NATION FRANÇAISE PAR LE JUIF CRÉMIEUX.

Disons aussi qu'au Conseil général d'Alger, il n'y a d'autre Israélite que M. Alphandéry, un de nos concitoyens les plus honorables, ancien adjoint au Maire d'Alger, et aujourd'hui encore président de la Ligue de l'Enseignement d'Alger.

Au Conseil municipal, il y a deux Israélites, en effet; l'un est M. Wahl qui a été décoré pour sa belle conduite à Belfort ; l'autre est M. Amar, avocat du barreau de cette ville, un de nos estimables concitoyens.

Le Comité des Quinze succombait sous le ridicule. On

lui rappelait ses quelques forfanteries de la première
heure :

NOVOGOROD A ALGER

Le « Radical Algérien » commence à battre en retraite. Il n'est
plus aussi sûr de la victoire : l'autre jour il annonçait avec un fracas
tout gascon, que la ligue française avait fait son trou à Paris et que
l'Algérie entière était avec lui et voici, qu'aujourd'hui, il est moins
triomphant. Le décret, dit-il, ne sera pas rapporté.

Ils ont vu, ces Messieurs du Comité des Quinze, que l'Algérie
était loin, bien loin, d'être avec eux, que la presse des trois départements algériens n'était pas d'humeur à entreprendre une campagne ridicule et à prendre la plus petite part de responsabilité dans
les prouesses de quelques habitants de la ville d'Alger.

Il faut se résigner. Alger supportera seul la honte du mouvement
anti-sémitique. Oran, Constantine et les autres grands centres, veulent conserver leur bonne réputation, et ne veulent point qu'on les
compare à certaines villes de Russie, où, comme à Alger, on sac-
cage la propriété d'autrui en toute impunité.

Donc, et malgré la pétition que l'on continue à élaborer, le décret
ne sera pas rapporté, mais on l'enverra quand même avec les signatures qu'on pourra recueillir, quelqu'en soit le nombre, quelle qu'en
soit la qualité. Ces messieurs du Comité des Quinze ne veulent pas
que la France oublie notre triste équipée des premiers jours de
juillet, qu'ils considèrent comme une page d'histoire qui doit nous
faire le plus grand honneur.

Le décret ne sera pas rapporté, dites-vous, mais la France saura
que les Juifs Algériens ont amassé sur eux une dose de haine qui,
tôt ou tard, forcément, « fera explosion. »

Si elle pouvait croire cela, il n'y aurait pas, en effet, de quoi se
payer des bosses de rire, car elle pourrait supposer que les Français
de ce côté de la Méditerranée ont d'autres sentiments que les siens
et qu'ils ont renié les grands principes de notre Révolution de 89.

A quelques-uns, nous faisons bien, hélas ! ce que nous pouvons
pour nous déconsidérer à ses yeux, et nous n'y sommes que trop
parvenus.

Elle pourrait croire en lisant nos journaux que nous ne voulons
ni participer à ses charges impositaires, ni contribuer à sa défense,
que nous ne voulons point être gouvernés par elle, que nous détestons

les Arabes qu'elle a mission de civiliser; il nous faut, maintenant, lui faire accroire que nous avons quelques points de ressemblance avec les paysans russes de Novogorod, c'est la mission que vous vous êtes attribuée.

Poursuivez-la.

(*Solidarité* du 22 juillet 1884).

DE L'USURE CHEZ LES ISRAÉLITES INDIGÈNES

FINANCIERS EN ALGÉRIE

On nous prie d'informer les Algériens de l'arrivée prochaine à Alger de plusieurs capitalistes français.

Cette venue de financiers parmi nous, serait motivée, dit-on, par les exigences nouvelles de nos compatriotes, MM. les youdis, en matière d'usure.

Nous ne pouvons qu'applaudir à cette venue de Français parmi nous qui pourront par eux-mêmes voir quels débouchés pourrait offrir l'Algérie aux capitaux français.

N. B. — Rappelons à MM. les colons et autres, en quête d'argent, que le taux des prêts fonciers consentis par le Crédit Foncier d'Algérie a varié, dans le dernier exercice entre 5 et 6 1/2 p. 0/0.

Pour trois prêts seulement, le taux a atteint 7 0/0.

(Radical algérien).

LA MORALITÉ DES ISRAÉLITES

ÉTUDES STATISTIQUES DU Dr René RICOUX

Proportions des naissances légitimes et illégitimes

NATIONALITÉS	SUR 1000 NAISSANCES GÉNÉRALES combien sont légitimes et illégitimes							
	garçons		filles		deux sexes		deux sexes	
	légitimes	illégitimes	légitimes	illégitimes	légitimes	illégitimes	légitimes	illégitimes
	1883				1883		1882	
Français............	906	94	906	94	907	93	906	94
Espagnols...........	911	89	906	94	911	89	910	90
Italiens	908	92	920	80	914	86	915	85
Maltais	953	47	958	42	954	46	937	63
Allemands	790	210	827	173	808	192	853	147
Autres.............	875	125	913	87	878	122	935	65
Européens ensemble...	910	90	111	89	904	96	910	90
Israélites indigènes....	963	37	975	25	968	32	952	48

Proportion des enfants reconnus

NATIONALITÉS	ENFANTS ILLÉGITIMES		Sur 10 enfants illégitimes combien sont reconnus	
	Reconnus	Non reconnus	1883	1882
Français.........	224	251	48	51
Espagnols...........	210	141	59	59
Italiens	73	33	69	67
Maltais	13	11	54	68
Allemands	4	17	19	30
Autres.............	9	15	31	65
Israélites.............	31	16	65	»

DÉNOMBREMENT DE 1872.

Français d'origine.............	129.601	} 164.175
Id. israélites..............	34.574	
Étrangers		115.516
Musulmans....................		2.136.534
		2.416.225

DÉNOMBREMENT DE 1876.

Français d'origine	156.365	} 189.677
Id. israélites	33.312	
Étrangers		123.962
Musulmans...................		2.411.826
		2.725.465

DÉNOMBREMENT DE 1881.

Français d'origine	233.937	} 269.602
Id. israélites.............	35.665	
Étrangers....................		189.944
Musulmans........		2.850.866
		3.310.412

DÉTENUS DES MAISONS CENTRALES ET PRISONS CIVILES

	1876	1877	1878	1879	1880	1881	TOTAUX pour les six années	MOYENNE pour les six années
Français.........	910	1.025	782	704	655	555	4.631	771
Israélites.........	66	55	82	103	110	112	558	93
Musulmans.........	2.408	2.669	3.335	2.994	2.982	3.871	18.259	3.043
Marocains.........	51	49	52	98	115	250	615	103
Étrangers.........	379	524	275	310	390	444	2.322	387
Colonie M'zéra.........	138	124	136	149	144	133	824	137
	3.952	4.446	4.722	4.358	4.396	5.395	27.269	4.545

PROPORTION DES DÉTENUS DANS LES MAISONS CENTRALES ET LES PRISONS CIVILES PENDANT LES ANNÉES 1876 à 1881

Sur 1000 individus, les nationalités suivantes ont fourni:

NATIONALITÉS	1876	1877	1878	1879	1880	1881	MOYENNE
Français.........	5.80	6.00	5.00	4.50	4.40	2.30	4.61
Israélites.......	1.80	1.70	2.40	3.00	3.30	3.90	2.68
Musulmans.....	1.00	1.10	1.40	1.20	1.20	1.00	1.15
Étrangers......	3.00	4.20	2.20	2.50	3.40	2.40	2.85
	11.60	13.00	11.00	11.20	11.70	9.30	11.29
Moyenne par 1000......	2.90	3.25	2.75	2.80	2.92	2.32	2.82

ÉTAT-CIVIL DE LA VILLE DE CONSTANTINE

TABLEAU STATISTIQUE POUR L'ANNÉE 1884

1° EUROPÉENS

1° Mariages entre :

Français et Françaises............................	63
Etrangers et étrangères.............................	16
Français et étrangères	7
Etrangers et Françaises............................	2
Européens et Musulmanes............................	»
Musulmans et Européennes......	1
Total........................	89

2° Naissances :

Garçons	220
Filles..	229
Total........................	449

Se décomposant ainsi :

Français..	322
Anglo-Maltais.....................................	45
Espagnols...	17
Italiens..........................	53
Allemands.	2
Suisses	10
Autres étrangers Européens	»
Total........................	449

Parmi lesquels, enfants légitimes :

Français..	227
Anglo-Maltais.....................................	44
Espagnols...	11
Italiens...	41
Allemands...	»
Suisses...	10
Total........................	333

Enfants reconnus :

Français.......	18
Espagnols...	4
Italiens..	8
Autres nationalités...................................	»
Total.	30

Enfants non reconnus :

Français......	27
Anglo-Maltais..	1
Espagnols..	2
Italiens...	4
Allemands...	2
Autres nationalités...........	»
Total.............	36

3° Décès, Hommes :

Hommes mariés,.................................	70
— veufs.................................	10
— célibataires (hommes et enfants)................	143
Total..................	223

Décès, Femmes :

Femmes mariées,.................................	41
— veuves	20
— célibataires (femmes et enfants)..................	82
Total	143

Décès, Militaires :

Militaires..	34

Se décomposant, suivant les nationalités en :

Français civils........................	274
— militaires..............................	34
Anglo-Malais...	21
Espagnols.	10
Italiens................................	53
Belges..	3
Allemands	3
Suisses	1
Autres Européens..	4
Total	709

4º Morts-nés :

Garçons...........	12
Filles..	17
Total	29

Comprenant :

Français...	15
Anglo-Maltais..	5
Espagnols..	3
Italiens....	5
Belges..	1
Autres nationalités.....................................	»
Total	29

§ 2. — ISRAÉLITES INDIGÈNES

1º Mariages, entre :

Israélites indigènes....................................	50

2º Naissances :

Garçons...	148
Filles..	136
Total........	284

Comprenant :

Enfants légitimes............................	278
— reconnus	2
— non reconnus........................	4
Total....................	284

3º Décès, Hommes :

Hommes mariés............................	17
— veufs............................	7
— célibataires (enfants et hommes)..................	92
Total........	116

Décès, Femmes :

Femmes mariées............................	10
— veuves............................	6
— célibataires (enfants et femmes)	85
Total....................	101

4º Morts-nés :

Garçons....................................	7
Filles....................................	3
Total....................	10

§ 3. — Musulmans

1º Mariages, entre :

Musulmans...........	445

2º Divorces, entre :

Musulmans........................	230

3º Naissances :

Garçons....................................	331
Filles	298
Total....................	629

4° Décès, Hommes :

Hommes mariés...................................... 116
— veufs.. 39
— célibataires.................................... 103
Enfants (garçons)................................... 279

Décès, Femmes :

Femmes mariées...................................... 129
— veuves.. 88
— célibataires.................................... 13
Enfants (filles)................................... 280
Militaires.. 10

Total................... 1057

5° Morts-nés :

Garçons... 42
Filles.. 36

Total.................... 78

UN ODIEUX COMMERCE

Sous ce titre le « Petit Colon » publiait l'autre jour l'entrefilet qui suit :

« L'Indépendant » de Constantine, qu'on n'accusera pas certainement d'être de parti-pris contre les Juifs, dit tenir de source certaine qu'un brocanteur juif de cette ville se prépare à faire pénétrer en Algérie 150 balles de vieux effets provenant des décédés cholériques de Marseille et d'Aix.

» Il aurait déjà fait des propositions de vente aux autres brocanteurs.

» Pour masquer la provenance de ces effets, il les aurait d'abord dirigés sur Arles, où ils auraient été arrêtés, puis sur d'autres villes de manière à faire supposer qu'ils proviennent de la dernière localité expéditrice.

» Il en aurait même expédié une partie en Angleterre pour les faire arriver en Algérie par des navires de cette nation.

» L'autorité prendra-t-elle des mesures rigoureuses pour interdire l'entrée en Algérie des effets contaminés ?

» Hélas ! hélas ! nous ne pouvons guère répondre à cette question qu'en en posant une autre que nous avions déjà formulée :

» Où est l'autorité ?

Je suis d'accord avec mon confrère, c'est là un commerce odieux et j'espère avec lui que si le fait est vrai, la douane prendra des mesures pour interdire l'entrée en Algérie des effets contaminés.

Mais pourquoi faire supporter à tous les Juifs la responsabilité d'un commerce odieux entrepris p.... .ul Juif ?

Est-ce que lorsqu'un délit est commis par un chrétien on en fait supporter la responsabilité morale à tous les chrétiens ?

Ce commerce est odieux, c'est vrai, mais le brocanteur juif de Constantine a-t-il été seul à s'y livrer ? N'a-t-il pas des complices ? ses complices ne sont-ils pas des chrétiens ?

Il a été seul acheteur des 150 balles d'effets provenant des décédés cholériques de Marseille et d'Aix.

Mais combien y a-t-il eu de vendeurs ?

Et ces vendeurs n'étaient-ils pas des chrétiens ?

Quel est le plus méprisable de celui qui achète des effets contaminés ou de celui qui, chargé de les mettre au feu, les vole pour les vendre ?

A mon avis, l'un et l'autre sont méprisables au même degré.

Mais si je méprise les chrétiens qui les ont vendus et l'israélite qui les a achetés, je n'en conserve aucun ressentiment contre les chrétiens et les israélites qui ne les ont ni vendus ni achetés.

(Solidarité).

UN COMMERCE ODIEUX

Décidément, il n'y a pas eu de commerce odieux a déplorer. Il n'y a pas eu d'effets contaminés vendus par des chrétiens et achetés par un Israélite.

Le fait signalé à l'animadversion publique est démenti par l' « Indépendant » de Constantine lui-même :

« Dans notre numéro de mardi, nous avons annoncé que M. le Maire de Constantine avait reçu l'avis qu'un brocanteur israélite venait d'acheter les effets des cholériques de Toulon et de Marseille, qu'il cherchait à introduire parmi nous.

» M. le Maire a fait procéder à une enquête, de laquelle il résulte que le fait signalé est inexact.

» Les effets en question, qui se composent surtout de vêtements militaires, de capotes d'hôpitaux, etc., et même de brides, licols, selles et autres, indiquant nettement l'origine, ont été achetés « à Paris », du 15 au 25 juillet, ainsi que le prouvent les factures diverses que nous avons sous les yeux.

» Nous sommes heureux de pouvoir annoncer que le danger signalé à M. le Maire n'est qu'une manœuvre de concurrents.

» C'est une nouvelle édition de l'histoire du marchand de meubles.

» En grattant un peu ces communications qui visent l'intérêt général, on y découvre un intérêt particulier aux aguets. »

PETITE GUERRE

La haine du Juif est devenue une maladie chronique pour les rédacteurs du « Radical ». Ils sont malheureux quand ils n'ont pas une petite histoire à raconter pour prouver, clair comme le jour, que les Israélites qui étaient à leurs yeux une race privilégiée quand, dans les élections, ils votaient avec eux, sont devenus des êtres malfaisants du jour où leurs choix se sont portés sur d'autres candidats.

Car il ne faut pas s'y tromper, la question juive à Alger est une question purement électorale, les rédacteurs du « Radical Algérien » ont trop d'esprit pour être sincères dans leurs attaques contre leurs anciens amis. Ce n'est pas sérieusement qu'ils racontent l'histoire du chien, emporté par un galantin, pour se donner la satisfaction d'aller le rendre à la femme jolie sans doute, à laquelle il appartenait. Le « Gil-Blas » est rempli d'anecdotes plus amusantes encore dont les héros ne professent pas le culte de Moïse.

Ils savent bien aussi, les rédacteurs du « Radical », qu'à Alger, comme à Marseille, comme à Paris, le cas d'une mère trafiquant de l'honneur de sa fille n'est pas Lolé, et quand il se produit ce n'est pas toujours un Israélite qui se présente pour l'achat. Ils peuvent à cet égard consulter la statistique criminelle et faire la comparaison.

D'ailleurs, si l'homme, chrétien ou israélite, qui se sert de son argent pour corrompre une jeune fille est méprisable, faut-il en conclure comme le fait le « Radical » que tous ceux qui professent la religion du coupable sont méprisables aussi ?

Mais alors et dans le cas même cité par le « Radical », il faudrait mépriser les chrétiens et les israélites car dans l'affaire de la rue Akermimoun il y avait deux coupables, une mère chrétienne qui vendait sa fille et un israélite qui l'achetait. A mon avis et sans doute à l'avis du « Radical », le crime de la mère chrétienne est plus odieux que celui de l'amant israélite.

L'imagination de nos confrères travaille constamment ; ils cherchent ce qu'ils pourront dire le lendemain pour entretenir chez le lecteur ignorant, des préjugés qu'eux-mêmes n'ont pas, mais ce n'est pas toujours facile et souvent c'est tiré par les cheveux.

Ainsi, l'autre jour, et à propos du colonel Fourchault, ils ont lancé contre les Israélites une plaisanterie qu'ils sont loin de croire spirituelle, mais qui peut produire son petit effet sur les gens qui ne sont pas difficiles.

On a accordé une concession de terrain gratuite au cimetière européen, pour les restes mortels du colonel.

On ne voit pas trop ce que les Juifs ont à faire dans cette délibération du Conseil municipal, le « Radical » a trouvé moyen, cependant, de les faire intervenir.

« Si le colonel avait été Juif, dit-il, on aurait pu lui donner une concession gratuite ». Il est vrai ajoute-t-il avec malice « que s'il eut été Juif il n'eut pas été soldat. »

Or, on sait bien, au « Radical », qu'en France comme en Algérie les Israélites sont soldats tout comme les chrétiens, que les volontaires en Algérie comme en France sont aussi nombreux chez les uns et les autres ; on sait bien, au « Radical » que ce n'est point dans le commerce seul que l'on trouve des Israélites et que dans l'armée française bien des officiers subalternes, supérieurs et même généraux appartiennent à cette race juive, qu'il feint de détester parce qu'il ne peut plus compter sur les Israélites d'Alger, et que, ne pouvant espérer qu'ils voteront pour ses candidats aux élections prochaines, il veut, par l'intimidation, les empêcher de venir remplir leurs devoirs électoraux.

Mais pourquoi le Comité des Quinze ne donne-t-il plus signe de vie ?

Pourquoi ne fait-il pas signer cette pétition annoncée avec tant de fracas qui devait demander l'annulation du décret Crémieux encore couverte de je ne sais combien de milliers de signatures ?

Cela serait plus digne que cette petite guerre sans but avouable qu'on fait tous les jours aux Français de religion israélite aussi bien à ceux qui, en Algérie, ont été naturalisés par le décret Crémieux qu'à ceux qui sont nés en France depuis 1808, ou en Algérie depuis le 24 octobre 1870, et qui, par conséquent, sont nés français absolument comme vous et comme moi.

TRIBUNE PUBLIQUE

Relizane, le 23 juillet 1884.

A Monsieur le Rédacteur en chef du « Radical algérien »,

Il y a peu de jours, je vous informais que le Juif président du Consistoire israélite venait d'être écroué sous l'inculpation de détournement de mineure. En effet Relizane ne possède plus dans son sein ce personnage qui jouit des douceurs de la vie à la prison civile de Mostaganem, où il a été conduit par M. le Commissaire de police de Relizane (j'aborderai plus tard cette conduite toute amicale), après l'enquête faite par le Parquet de Mostaganem, qui s'était empressé de se rendre sur les lieux. Les pères et mères de famille doivent remercier ces Messieurs, et en particulier M. le Juge de paix de Relizane, de l'activité qu'ils ont déployée pour arriver à un résultat satisfaisant.

N'oublions pas que notre greffier a reçu la déposition de plus de 50 témoins. Toutes ces dépositions, plus vraies les unes que les autres, contiennent des faits de nature à révolter toute conscience honnête. L'une d'elles, à ma connaissance, serait douteuse : ce serait celle du jeune L...., qui n'aurait pas été appelé à témoigner, si le président du Consistoire avait été tenu au secret à la geôle, ainsi que cela devait être. C'était une vraie procession de Juifs et de Juives, du « Maire-Conseiller général » et autres. Nous avons même remarqué un gros garçon que son obésité ne permet pas de trop se mouvoir « habituellement », et qui, le jour de l'incarcération, a déployé une activité remarquable pour se rendre à « l'Hôtel-Maîtresse. »

Le prisonnier a été l'objet de soins tous particuliers de la part de son geôlier ; visites, absinthe, mets recherchés, etc., et je me suis laissé dire que les punaises du lit de camp ne l'avaient point empêché de dormir. Du reste, nous avons un agent juif que nous sommes surpris de voir en fonctions.

En vous priant, Monsieur le Rédacteur, de porter ces faits à la connaissance de vos lecteurs, qui leur permettront de juger de la moralité des hauts bigots de la juiverie algérienne,

Je vous prie d'agréer, etc.

           « Un de vos lecteurs. »

Récit fantaisiste ; il n'y a pas de Consistoire à Relizane, toute petite ville, et par conséquent pas de président du Consistoire.

L'INSTRUCTION PUBLIQUE DES ISRAÉLITES

(I) **Enseignement primaire**

Statistique de l'enseignement primaire en Algérie pendant les années 1872, 1874, 1876, 1878, 1881.

Fréquentation des écoles : 1° Par les Français d'origine ; 2° Les Israélites; 3° Les Étrangers. (D'après la statistique générale de l'Algérie.)

DÉNOMBREMENT

	Français	Israélites	Étrangers
1872	129.601	34.574	115.516
1876.............	156.365	33.312	123.902
1881.............	233.937	35.665	189.944
1872........	33.788	5.646	16.285
	26 p. 100	16 p. 100	14 p. 100
	1 sur 4	1 sur 6	1 sur 7
1874.............	23.138	6.220	13.961
	17 p. 100	18 p. 100	12 p. 100
	1 sur 6	1 sur 5	1 sur 8
1876.............	20.231	6.216	13.312
	13 p. 100	18 p. 100	10 p. 100
	1 sur 8	1 sur 5	1 sur 0
1878.............	21.465	5.824	14.599
	13 p. 100	17 p. 100	11 p. 100
	1 sur 8	1 sur 6	1 sur 8
1881.............	27.256	6.753	17.296
	12 p. 100	18 p. 100	0 p. 100
	1 sur 8	1 sur 5	1 sur 10

Enseignement secondaire

Statistique de l'enseignement secondaire en Algérie, pendant les années 1872, 1874, 1876, 1878, 1881.

Fréquentation des Lycées et Collèges, par les Français d'origine, les Israélites, les Étrangers.

DÉNOMBREMENT (voir la page précédente).

	Français	Israélites	Étrangers
1872.............	1.466	212	159
	11,31 p. 1000 1 sur 88	6,13 p. 1000 1 sur 163	1,36 p. 1000 1 sur 726
1874.............	1.989	291	226
	15 p. 1000 1 sur 66	8,6 p. 1000 1 sur 111	2 p. 1000 1 sur 500
1876.............	2.268	518	302
	14,5 p. 1000 1 sur 72	15,5 p. 1000 1 sur 66	2,40 p. 1000 1 sur 410
1878.	2.466	430	360
	16 p. 1000 1 sur 62	13 p. 1000 1 sur 76	3 p. 1000 1 sur 344
1881.............	2.596	443	257
	11 p. 1000 1 sur 90	12 p. 1000 1 sur 83	2 p. 1000 1 sur 500

INSTRUCTION PRIMAIRE DANS LE DÉPARTEMENT D'ALGER EN 1881. (Rapport du Préfet).

NATIONALITÉS	DÉNOMBREMENT de 1881	POPULATION SCOLAIRE			QUANTUM pour 100 Garçons	QUANTUM pour 100 Filles
		Garçons	Filles	Totaux		
Français..............	98.807	4.572	5.168	9.740	4,62 %	5,23 %
Israélites.............	11.582	1.230	950	2.180	10,62 %	8,20 %
Étrangers.............	59.127	3.192	3.201	6.393	5,39 %	5,44 %
Musulmans...........	1.082.456	1.322	72	1.394	0,122 %	0,006 %
	1.251.672	10.316	9.391	19.707	0,82 %	0,75 %
Proportion en ne comptant que les filles et les garçons...........	Français 9,85 %	Israélites 18,82 %	Étrangers 10,80 %	Musulmans 0,128 %	Moyenne Musulmans non compris 10,80 %	Moyenne Musulmans compris 4,57 %

LA VIE A PART DES ISRAÉLITES

Après avoir fait le reproche aux Israélites d'Algérie de ne s'être point mêlés sérieusement aux Français, le *Petit Colon* faisait l'aveu suivant (mai 1882) :

> Certaines sociétés bourgeoises d'Alger, d'une composition incontestablement irréprochable refusent, plus ou moins systématiquement, d'admettre parmi leurs membres des Israélites indigènes.
>
> On n'ose point inscrire, dit-il, cette exclusion dans les statuts, parce que l'autorité préfectorale refuserait une approbation nécessaire, mais on ne l'applique pas moins au su et au vu de tous.
>
> Qu'est-ce que cela prouve ?
>
> Cela prouve-t-il que les bonnes gens qui forment les sociétés ou les cercles veulent ressusciter le Ghetto et les persécutions d'un autre âge ?
>
> Cela prouve-t-il qu'il y ait dans leur fait une de ces iniquités qui blessent les consciences, un de ces outrages qui constituent la provocation à des violences ?

Pourquoi pas ?

Ce sont bien des violences qui ont été commises à Tlemcen et à Alger ; bien des outrages et des provocations que les sièges des maisons à coups de pierres, la chasse aux Juifs, le sac des magasins, le Comité des quinze, la Ligue anti-juive.

Mais, en supposant que l'ostracisme ridicule appliqué par quelques excellents bourgeois d'Alger ne prouve point qu'on veuille rétablir le Ghetto, il prouve du moins que ce ne sont point les Juifs qui s'isolent, mais nous qui les éloignons.

A PROPOS DE TLEMCEN

C'est le lapin qui a commencé.

Les Français d'origine juive exerçaient à leur guise leur droit de suffrage dans les élections, et comme ils ne l'exerçaient pas comme l'auraient désiré certains ambitieux, on s'est donné, à Oran, le ridicule de demander en plein Conseil général leur dénaturalisation, en y ajoutant la menace odieuse que, si on ne leur retirait pas les droits politiques, les scènes lamentables qui se sont produites en Russie pourraient se produire dans la province d'Oran.

N'est-ce pas là une provocation, et n'avons-nous pas vu des journaux l'approuver et l'accentuer ?

Il y a un homme parmi eux, que je ne connais point, mais qu'ils estiment, et dans lequel ils ont confiance.

Je ne sais ce que vaut cet homme, mais il paraît avoir quelque mérite aux yeux du Gouvernement républicain, qui lui a décerné les palmes académiques et le ruban de la Légion d'honneur.

Est-il donc bien extraordinaire que ses coreligionnaires aient cherché et réussi à en faire un Conseiller général ?

Les Israélites d'Oran ont-ils ainsi fait preuve d'ignorance, d'incapacité politique ?

Et quand cela serait ?

Nous avons bien en France des bourgs inféodés à certaines personnalités, des populations qui s'obstinent à élire les candidats patronnés par les curés, et personne ne songe à leur retirer le droit de suffrage, encore moins à les dénationaliser.

Il ne vient même à l'idée de personne dans la métropole d'imiter les agissements de l'Empire, en combattant les candidats désagréables par des changements dans les circonscriptions électorales, et on trouverait étrange qu'en plein Conseil municipal on osât accuser un Président de Consistoire absent, en présence d'un haut fonctionnaire républicain.

N'est-ce pas aussi une provocation ?

On reproche aux Juifs d'Algérie de ne pas se mêler sérieusement aux Français, reproche singulier, quand on sait sous quel prétexte les événements de Tlemcen ont eu lieu. A-t-on déjà oublié que la musique municipale de cette ville, voulant donner un bal au profit de sa caisse dans un local communal, avait décidé l'exclusion radicale des Français juifs. Sont ce donc les Juifs qui refusaient de se mêler à leurs compatriotes chrétiens ?

Cette haine absurde des Oranais contre les Juifs, et qui, heureusement pour notre honneur, n'existe pas, au même degré du moins, dans les deux autres provinces, n'est-elle pas le résultat de toutes les manifestations qui se sont produites dans ces derniers temps ?

Mais ce n'est pas tout.

On ne se borne point, à Oran, à vouloir empêcher les Israélites de voter dans les élections politiques. Les chrétiens, ou, si l'on veut, les libres-penseurs, ont aussi la prétention d'intervenir dans les élections consistoriales. On fait la leçon aux Israélites, on leur dit qu'ils doivent voter contre M. Kanoui.

Est-ce que cela nous regarde ?

Qu'est-ce que cela peut nous faire à nous, citoyens français, chrétiens ou libres-penseurs, que ce soit M. Kanoui ou tout autre qui règle les affaires religieuses de la communauté juive ?

Les Israélites d'Oran éprouvent de la reconnaissance pour M. Kanoui, et ils l'ont nommé, à une écrasante majorité, à une fonction dont ils sont seuls dispensateurs, parce qu'elle n'intéresse qu'eux ; et parce qu'ils n'ont pas voulu suivre ceux d'entre eux qui voulaient leur faire commettre une lâcheté, parce qu'ils n'ont pas voulu céder aux menaces, parce qu'ils n'ont pas voulu abandonner leur défenseur le plus actif, parce qu'ils n'ont pas voulu faire le jeu des ennemis de leur race, il s'est trouvé quatre ou cinq cents Français à Tlemcen pour crier : « A bas Kanoui ! » et pousser le cri sauvage : « Mort aux Juifs ! » Et des écrivains se croyant républicains, nous racontent sur le ton de la plaisanterie, les troubles de Tlemcen :

« Une chasse très-intéressante disent-ils, commença alors ; les
» Juifs étaient le gibier, les Français, les chasseurs. »

Comme c'est flatteur pour la France !

« Les Juifs fuyaient à toutes jambes et escaladaient les murs des
» maisons mauresques pour se mettre à l'abri des coups de canne.
» Les poursuivants parcoururent ensuite le quartier juif en défiant
» les turbans qui se gardèrent bien de se montrer. Enfin, personne
» ne répondant à leur défi, ils cassèrent quelques carreaux. »

Cette scène recommença le lendemain, les désordres durèrent trois jours ; on poursuivit les Juifs dans les rues à coups de pierres en criant : Mort aux Juifs ! et en chantant la « Marseillaise ».

Le jour de gloire est arrivé !

Sauf, la « Marseillaise » qu'on ne chantait pas au moyen-âge, les scènes de Tlemcen ne rappellent que trop cette époque ; ce sont ces cris à mort, ces insultes, ces pierres lancées que le « Petit Colon » trouve « légitimes », en raison de l' « attitude générale des Juifs », lesquels, il est vrai, ont nommé M. Kanoui, membre du Consistoire.

Mais les esprits étroits, arriérés, ont beau faire; ils peuvent casser des carreaux, jeter des pierres, pousser des cris, déshonorer l'hymne des Marseillais, ils ne pourront rien changer à ce qui est.

Notre immortelle révolution de 1789 a fait rentrer les Juifs dans la grande nationalité française, et elle n'a qu'à s'en féliciter.

La République de 1870 a complété l'œuvre en donnant le titre de citoyen français aux Israélites de l'Algérie, titre qu'ils étaient déjà dignes de porter.

Ils sont Français et resteront Français malgré les anti-Juifs d'Oran, de Tlemcen et d'Alger.

MARTEAU.

(Solidarité, 25 mai 1884).

LES EXPLOITS GUERRIERS DES JUIFS

Ces jours derniers, une bande de Juifs a assailli, à Paris, l'hôtel du fameux banquier Rothschild, en réclamant impérieusement du pain ou de l'argent; il ne fallut rien moins que l'intervention de la police pour disperser ces groupes belliqueux.

Un fait semblable s'est produit jeudi chez M. Broun, banquier à Paris, membre du comité de secours des Israélites, demeurant rue Say. Une vingtaine d'Israélites polonais se sont présentés à neuf heures, chez le banquier, demandant, comme l'autre jour chez M. de Rothschild, du pain ou de l'argent.

Devant l'insistance de ces intrus, on dut appeler les gardiens de la paix, qui furent chargés de les expulser. Néanmoins, M. Broun leur a fait remettre à chacun une somme de 10 francs.

Nous engageons les Rothschild algériens à se bien claquemurer chez eux; si l'exemple devenait contagieux, et si les marchands « d'zalamittes ou di botilles » venaient à faire comme leurs frères polonais !!!

(Charivari Oranais).

UN NOUVEL ORGANE

On nous annonce l'apparition d'un nouveau journal à Oran : l'ANTI-JUIF, organe de tous ceux qui n'aiment pas les fils de Juda.

Le « Charivari » a bien voulu se charger de recueillir les adhésions. Dès que celles-ci auront atteint le nombre de CINQ CENTS, « l'Anti-Juif » commencera sa publication.

Nous ne saurions trop engager nos lecteurs à encourager les efforts de ceux qui se sont imposé le répugnant devoir de noircir une grande feuille de papier pour parler des Juifs.

PAS DE JUIFS

Sous ce titre, nous lisons dans le *Petit Africain* du 31 mai :

« L'administration de la libre-pensée d'Oran a décidé, dans sa réunion d'hier, L'EXCLUSION RADICALE DES JUIFS. Elle a donc repoussé une demande d'admission d'un Israélite et rayé de ses membres l'unique Hébreu qui faisait partie de la Société sans autre motif que la raison de principe.

» Elle a fait cette réserve : « Si une Société juive anti-cléricale et libre-penseuse, après avoir donné des preuves de ses sentiments libre-penseurs et anti-cléricaux était fondée à Oran, la Libre-Pensée existante provoquerait la fusion. »

Bravo, voilà qui est compris. Il n'en faut plus NULLE PART !

Ah ! si tout le monde agissait ainsi, comme vous verriez bientôt Kanoui et ses Juifs à nos pieds !

Allons, messieurs les Israélites, formez-vous en société. Montrez effectivement que vous voulez être et rester Français !

Z.

(Charivari Oranais).

SEM ET JAPHET

Dans les commencements de la lutte, les anti-sémitiques avaient soin de nous dire que ce n'était point aux Juifs de France qu'ils en voulaient, mais uniquement aux Juifs indigènes naturalisés par le décret du 25 octobre 1870. Aujourd'hui, ce n'est plus cela, c'est la race entière que nos petits Torquemada déclarent maudite. On leur a appris, dans leur enfance, à détester et à mépriser les Juifs et ils n'ont pu se dégager des préjugés qu'on leur a inculqués. Ils consentent à reconnaître, il est vrai, que les massacres dont les Juifs sont victimes en ce moment en Russie, sont affreux ; que les haines

sont « cruelles, sauvages et indignes de la civilisation », mais il ne
faut pas s'enflammer pour cela, ne pas s'inquiéter des troubles
déshonorants de Tlemcen, mais se demander la cause historique,
la cause première et permanente de cet état de guerre ; et comme
le « Petit Colon » l'a découverte dans le livre d'un docteur méde-
cin qui a longtemps exercé son art à Alger, il n'y a plus qu'à se
taire, laisser les Tlemceniens pousser des cris de mort contre les
Juifs, les poursuivre à coups de canne ; trouver naturel que les sol-
disant libres-penseurs d'Oran chassent de leur société les libres-
penseurs qui sont nés Juifs, et que le Conseil du Gouvernement
s'occupe gravement d'un sectionnement électoral du Conseil municipal d'Oran, n'ayant d'autre objet que d'empêcher M. Kanouï, président du Consistoire, d'être élu conseiller général d'Oran.

Les anti-sémitiques croient naïvement appartenir à une race
supérieure, parce que, comme les Juifs, ils ne descendent pas des
Arabes du désert. Mais sont-ils bien sûrs que cette descendance
bien ancienne vaille moins que la nôtre ? Comment prouveraient-ils
que les peuples de l'Europe, au temps d'Abraham, avaient toutes
les vertus qui manquaient à ce petit peuple juif qui avait déjà son
histoire ?

Notre ancienne noblesse avait aussi cette prétention vis-à-vis du
peuple taillable et corvéable à merci ; elle aussi croyait à une supériorité de race et s'imaginait que son sang était plus rouge que le
nôtre, simples roturiers.

C'était une prétention ridicule, mais bien moins ridicule que celle
que les anti-sémitiques ont le courage d'afficher sur la fin du dix-
neuvième siècle, près de cent ans après notre grande révolution
politique et sociale.

Mais du moins, les juifs qui sont restés juifs savent d'où il viennent, mais nous, le savons-nous ? N'y en a-t-il pas parmi nous, et
en grand nombre, qui, à leur insu, sont aussi des descendants de
Sem ?

Soit par intérêt, soit par crainte des supplices, quelque centaines
de mille Juifs ont été convertis au christianisme pendant une persécution qui a duré dix-huit siècles.

Qui peut savoir si leurs adversaires actuels ne sont pas de leur
race ?

Il y a des Français, des Espagnols d'origine juive, un peu partout, même au sein des grandes familles aristocratiques de l'Espagne.

J'ai lu dans une histoire de l'Inquisition de Llorente, que, lors de leur conversion, on permettait aux Juifs de prendre le nom des familles qui les présentaient au baptême où ils étaient adoptés : c'étaient, pour la plupart, des familles des plus distinguées, ce qui fait qu'aujourd'hui, — dit l'historien Llorente, — presque tous les grands d'Espagne descendent des Juifs.

On brûlait au XVIe siècle, les Juifs qui persistaient à ne pas reconnaître la divinité de Jésus-Christ. Torquemada, un anti-sémitique de ce temps-là, en fit brûler 10,270, mais aux convertis on prodiguait les distinctions, les titres de noblesse, les Juifs s'affiliaient aux plus grandes familles.

On raconte à ce propos que Joseph Ier, roi de Portugal, ayant rendu un édit qui ordonnait à tous ses sujets qui descendaient des Juifs, de porter un chapeau jaune ; le marquis de Pombal se présenta à la Cour avec trois chapeaux de cette couleur, le roi lui ayant demandé ce qu'il voulait en faire, le marquis de Pombal répondit qu'en vue de satisfaire à l'édit concernant les descendants des Juifs, il s'était muni de trois chapeaux dont un pour lui, l'autre pour le grand inquisiteur et le troisième pour le roi, qui, lui aussi descendait des juifs.

Cette fusion qui s'est faite entre les Juifs convertis et les chrétiens, se fait tous les jours en France, entre les Français d'origine asiatique et les Français d'origine européenne, unis par l'égalité des droits et le titre commun de citoyens français, elle se fait également en Algérie et, sauf meilleurs avis, je pense qu'il est plus patriotique de la favoriser que de la combattre. C'est surtout plus pratique car, quoiqu'on fasse et qu'on dise, les Juifs, soit en France, soit en Algérie, sont et resteront Français.

Nos anti-sémitiques qui me paraissent un peu poseurs dans cette circonstance, auront beau faire, ils ne réussiront qu'à se couvrir d'un ridicule qui rejaillira sur les habitants de la province d'Oran, peut-être parce qu'ils ont fait un peu cause commune avec eux, mais point du tout sur les deux autres provinces qui, heureusement, ont montré plus d'esprit républicain.

MARTEAU.

(Solidarité du 9 juin 1883).

CONCLUSIONS

———

L'article ci-après du *Radical Algérien*, a pour but de faire connaître la nuance politique du journal dont le directeur était, et est encore le Président de la Ligue anti-juive :

LE 18 MARS

Cet anniversaire comptera certainement dans l'histoire.

Les Prussiens étaient maîtres de nos forteresses et quelques esprits puissants avaient rêvé de les en déloger au prix de tous les sacrifices.

De plus, l'assemblée de malheur qui tenait ses séances à Bordeaux courbait l'échine sous le fouet des Uhlans de Bismark.

A sa tête étaient Thiers, Jules Favre, Ernest Picard et autres individus qui, fort heureux de s'être tirés sains et saufs des coups de canon et des coups de sabres donnés ou reçus aux avant-postes, se repliaient dans leur carapace qu'ils avaient décorée du nom de « leur dignité ».

Paris, frémissant de colère, humilié de la honte qui lui était infligée, ne pût accepter la bassesse de Thiers, quémandant partout des secours, toujours refusés ; Paris indigné des larmes (larmes de crocodile) de Jules Favre, l'homme aux compromis des actes de l'état-civil, et s'en excusant, toujours avec des pleurs à la clé, devant ses collègues de la Chambre, l'homme de « pas un pouce de notre territoire, pas une pierre de nos forteresses » qu'il abandonna si lâchement ; cependant Paris, disons-nous, rêvait la réhabilitation de ces hontes.

Paris répudia le Gouvernement nommé à la hâte à l'assemblée de Bordeaux et voulut se créer un gouvernement capable de redresser la tête et d'enlever la tache qu'avait imprimée à la France, la politique néfaste de l'Empire, continuée par une grande partie de ses successeurs.

Paris voulut l'émancipation des communes et pour donner l'exemple, il institua la « COMMUNE DE PARIS. »

Des élections légales eurent lieu et la commune de Paris nomma pour l'administrer, des hommes intègres, reconnus comme républicains d'ancienne date, ayant toujours combattu l'Empire avec acharnement, et les nomma avec un nombre de voix que n'avaient jamais obtenu les pantins de la candidature gouvernementale.

La guerre civile eut lieu ; la lutte fut terrible, mais la force resta à ceux qui se servirent de nos troupes vaincues par les Allemands, contre ceux qui voulaient expulser les vainqueurs du sol français.

Ils firent preuve en cette occasion d'un patriotisme ? dont l'histoire contemporaine parlera, et seront flétris comme ils le méritent par des écrivains impartiaux.

C'est alors qu'on accusa la commune de Paris de tous les forfaits, que l'esprit général d'aujourd'hui considère comme vrais.

C'est alors qu'on reprocha à ces hommes élus du suffrage universel, et qui se nommaient Delescluze, Eudes, Cournet, Millière, Ferré, Rossel et tant d'autres trop connus également pour que nous les citions tous ici, d'avoir usurpé le pouvoir afin d'en faire une affaire personnelle.

Lâche calomnie qui, fort heureusement, commence à s'éteindre à l'heure actuelle.

On a reproché aux membres de la Commune de s'être enrichis, d'avoir dévalisé les immeubles domaniaux, d'avoir incendié la Préfecture de Paris, la Cour des Comptes, d'avoir assassiné les otages ; mais en y réfléchissant bien, ces accusations peuvent-elles tenir debout.

Quel est celui d'entre eux qui est mort riche, ou même qui est riche en ce moment ?

Qui pouvait avoir intérêt à incendier la Préfecture ou la Cour des Comptes, si ce n'est ceux qui tenaient à apurer leur passé, en flambant par un feu, qu'ils appelaient « feu de joie » les comptes et les décomptes entassés deduis plus de 20 ans dans ces établissements ?

Les détracteurs de la Commune de Paris ont tout dénaturé, tout calomnié : Le « Flambez finances » a été travesti ; il signifiait : « Flambez cette étape, ne vous y arrêtez pas, on a besoin de vous plus loin. »

Quant aux otages, on les a fusillés, mais pendant une guerre civile n'a-t-on pas à rendre la monnaie de leur pièce à ses adversaires. C'est encore là le lapin qui a commencé.

N'a-t-on pas proposé à Thiers de rendre les otages contre Blanqui ? Thiers a non-seulement refusé, mais a répondu par les fusillades sans jugement, les pistoletades de MM. de Galliffet et consorts.

Le Gouvernement versaillais a assassiné tous les prisonniers qu'il était possible de faire.

Reprochez à la Commune d'avoir fusillé dix personnes, on répondra avec raison que ses adversaires en ont fusillé, mitraillé mille pour un et ce sera vrai.

Dernièrement, le Conseil municipal de Paris reprenait les idées grandioses émises par la Commune de Paris ; il voulait ce que nous voulons tous : les franchises municipales ; on y arrivera et, ce jour-là, loin de fusiller les communalistes qui ont arrosé de leur sang ces idées généreuses, on reconnaîtra que leur programme n'était pas une utopie et les populations étonnées entendront de nouveau ce cri de : Vive la Commune ! Qui, plus est, elles s'y associeront.

Vive le 18 mars 1871 !

(Radical algérien du 20 mars 1885).

TABLE DES MATIÈRES

NOTES EXPLICATIVES

Alger. — Imp. Victor PÉZÉ, rues de la Casbah, 4, et Charles-Quint, 5.

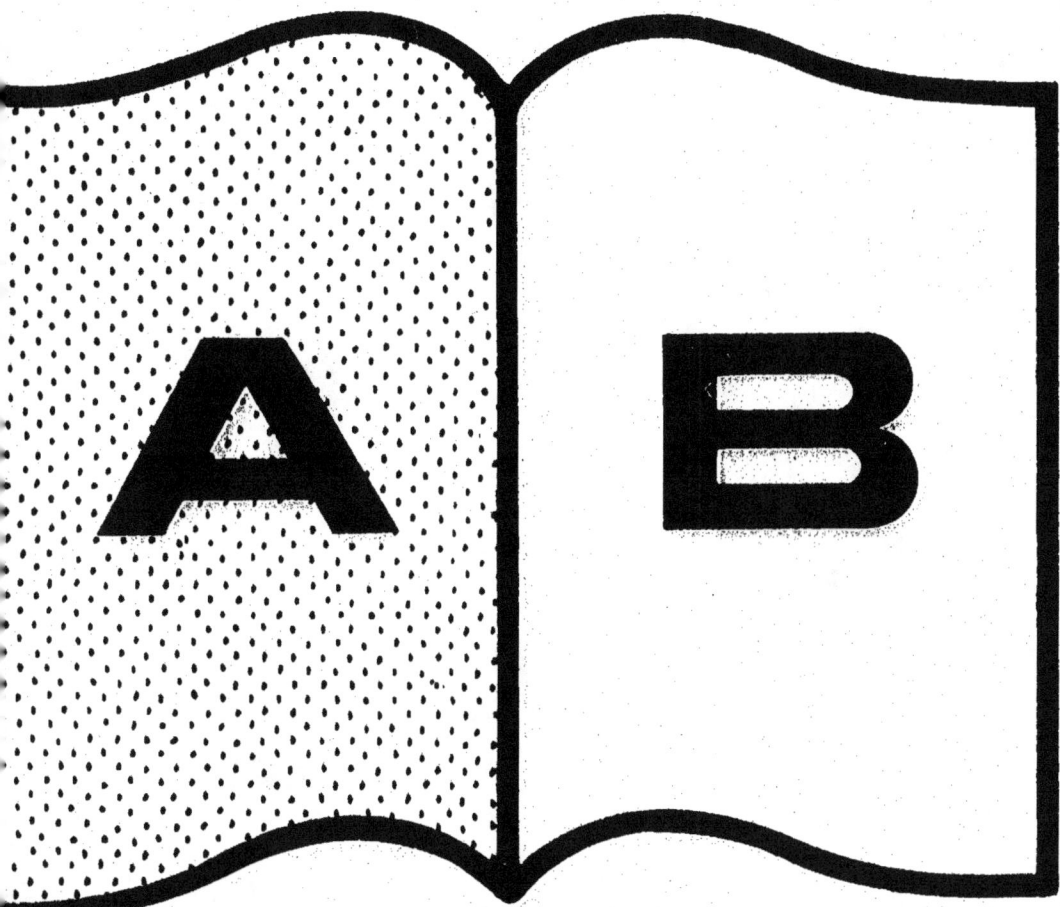

Contraste insuffisant

NF Z 43-120-14

www.ingramcontent.com/pod-product-compliance
Lightning Source LLC
Chambersburg PA
CBHW061012280326
41935CB00009B/929

* 9 7 8 2 0 1 2 6 7 6 4 9 7 *